Abdias Nascimento,
a Luta na Política

Coleção Debates
Dirigida por J. Guinsburg
(*in memoriam*)

Capa: Abdias Nascimento em 2002. Foto: Bia Parreiras

Abertura: Abdias Nascimento discursa na tribuna da Câmara dos Deputados durante convenção nacional do PDT, 1983. Foto: Elisa Larkin Nascimento

Equipe de Realização – Coordenação textual: Luiz Henrique Soares e Elen Durando; Edição de texto: Simone Zaccarias; Revisão: Luiz Henrique Soares; Ilustração da capa: Sergio Kon; Produção: Ricardo W. Neves e Sergio Kon.

elisa larkin nascimento

ABDIAS NASCIMENTO, A LUTA NA POLÍTICA

Copyright © Elisa Larkin Nascimento

cip-Brasil. Catalogação na Publicação
Sindicato Nacional dos Editores de Livros, rj

N194a
    Nascimento, Elisa Larkin
    Abdias Nascimento, a luta na política / Elisa Larkin Nascimento. - 1. ed. - São Paulo : Perspectiva ; Rio de Janeiro : Instituto de Pesquisas e Estudos Afro Brasileiros, 2021.
240 p. ; 21 cm. (Debates ; 346)

    Inclui bibliografia
    isbn 978-65-5505-080-6

    1. Nascimento, Abdias do, 1914-2011. 2. Políticos - Biografia - Brasil. 3. Ativistas políticos - Biografia - Brasil. i. Instituto de Pesquisas e Estudos Afro Brasileiros. ii. Título. iii. Série.
21-74393   cdd: 923.2
                                                                                                         cdu: 929:32(81)

Meri Gleice Rodrigues de Souza - Bibliotecária - CRB-7/6439
09/11/2021 10/11/2021

1ª edição

Direitos reservados à

EDITORA PERSPECTIVA LTDA.

Rua Augusta, 2445, cj. 1
01413-100 São Paulo SP Brasil
Telefax: (11) 3885-8388
www.editoraperspectiva.com.br

2021

SUMÁRIO

Apresentação 9

A MISSÃO

1. A Missão do Parlamentar 15
2. Memorial Zumbi e Fundação Cultural
   Palmares 19
3. O Parlamentar 23
4. Rumo à Nova República: Câmara dos Deputados
   (1983-1987) 27
5. Senado, Secretarias de Estado, Ativismo
   Internacional (1987-2006) 99
6. Memorial Zumbi 1:
   Um Informe à Sociedade Brasileira Para o
   Progresso da Ciência (SBPC) 151

7. Memorial Zumbi 2:
   Conquista do Movimento Negro 163
8. Epílogo – Um Legado Vivo 177

O LEGADO

Entrevista com Benedita da Silva 185

Abdias Nascimento e Nós: Relato de Heranças
Seculares – *Erica Malunguinho* 199

Abdias, Griô da Luta Negra no Brasil, Seu Legado
Está Vivo! – *Talíria Petrone* 211

Abdias – *Paulo Paim* 221

Referências 225
Sobre a Autora 237

APRESENTAÇÃO

Dez anos se passaram desde que Abdias Nascimento seguiu para outro plano de existência, e sua memória permanece viva entre as pessoas que acompanharam sua vida e obra. Neste momento em que o descrédito na política institucional beira o extremo e contribui para o desmantelamento de instituições democráticas e republicanas, a atuação de Abdias Nascimento como parlamentar constitui um exemplo do que significa o exercício da vocação política como construção cívica.

Na Câmara e no Senado, sua missão era pedagógica no sentido de expor e registrar as diversas dimensões da questão racial para um conjunto de colegas que pouco sabiam e menos queriam aprender a respeito. Entre os maiores privilégios conferidos pelo racismo aos brancos está o de não precisar se ocupar com a questão racial. Ela é incômoda. Bem mais confortável seguir a vida sem pensar nela. O povo preto, no entanto, não vive um dia sem se deparar com as mazelas e consequências do racismo. A presença e a palavra de Abdias Nascimento perturbavam aquele cenário do poder, convocando-o a prestar atenção na maioria do povo que dizia representar. Além da palavra proferida na tribuna, havia a palavra escrita nas proposições e projetos de lei e as articulações junto à sociedade civil em torno das propostas democráticas.

Os projetos de lei e outros registros da atuação parlamentar de Abdias Nascimento estão publicados nos seis volumes *Combate ao Racismo*, sobre sua atuação na Câmara dos Deputados e na revista *Thoth*, publicada por seu gabinete no Senado Federal. O leitor encontra uma seleção deles, bem como outros documentos históricos, como anexos à biografia de Abdias Nascimento que tive a honra de escrever para o Senado Federal, publicada por ocasião de seu centenário em 2014, como parte da coleção Grandes Vultos que Honraram o Senado.

Seria impossível compreender a atuação parlamentar de Abdias Nascimento sem considerar a complexa trajetória de sua vida e o conjunto mais amplo de seus feitos e fazeres. Para isso, o leitor tem à sua disposição os livros *O Genocídio do Negro Brasileiro* e *O Quilombismo*, além da biografia *O Griot e as Muralhas*, talhada a quatro mãos por Abdias Nascimento e Éle Semog a partir de depoimentos gravados. Esses mesmos depoimentos deram base à biografia de minha autoria publicada pelo Senado Federal.

No site do Ipeafro o leitor encontra essa biografia e vários livros de arte, teatro, poesia e política de Abdias Nascimento (*Orixás: Os Deuses Vivos da África no Brasil*; *Dramas Para Negros e Prólogo Para Brancos*; *Teatro Experimental do Negro: Testemunhos*; *O Negro Revoltado*; *A Abolição em Questão*; *Axés do Sangue e da Esperança: Orikis*)[1].

---

1. Disponíveis no site do Ipeafro.

Nas próximas páginas, convido o leitor a conhecer esse parlamentar, sua vocação e seu trabalho numa atuação política dedicada à busca da convivência com justiça em sociedade e do empenho coletivo em superar graves desigualdades. Teremos a honrosa companhia, nessa caminhada, de quatro parlamentares negros: Paulo Paim e Benedita da Silva, que em vários momentos atuaram junto com Abdias Nascimento no espaço público; e Talíria Petrone e Erica Malunguinho, da nova geração que leva à frente, renova e dá continuidade à luta na política. Agradeço a contribuição ao livro de cada uma dessas colegas e companheiras, minhas e de Abdias.

Elisa Larkin Nascimento,
Ipeafro.

A MISSÃO

1. A MISSÃO DO PARLAMENTAR

O senador Abdias Nascimento considerava o mandato parlamentar como mais uma ferramenta, entre outras, a serviço da causa maior que o motivava: os direitos humanos e civis da população negra. Seu objetivo era abrir espaços e caminhos ao povo afrodescendente no exercício da cidadania, com sua cultura e identidade própria, e contribuir para fazer justiça ao legado histórico dos povos africanos na construção do conhecimento, da tecnologia, da criação artística e da reflexão espiritual e filosófica. Revelar o conteúdo desse legado significava apresentar o contraditório ao etnocentrismo ocidental que vem ao longo de cinco séculos negando, apagando ou relegando ao esquecimento o protagonismo histórico dos povos africanos.

A amplitude dessa abordagem implicava uma rara diversidade de temas e linguagens no exercício do mandato político. A atuação parlamentar de Abdias Nascimento não cabia nos limites regimentais de discursos e proposições legislativas. Tanto no Senado como na Câmara dos Deputados, ele entendia sua missão de forma mais ampla e procurou deixar seu registro na forma de publicações, expressão artística e atividades desenvolvidas em outras searas. Quando senador, por exemplo, ele expôs no Salão Negro do Congresso Nacional suas pinturas, que homenageiam os orixás e trabalham com a simbologia epistemológica africana. Ele propôs que o Senado realizasse um concurso literário sobre o poeta simbolista Cruz e Sousa no centenário de sua morte. A proposta contou com apoio do senador catarinense Esperidião Amin, que assinou junto com Abdias Nascimento o Projeto de Resolução do Senado n. 126, de 1997. O resultado foi um livro[1] contendo as monografias premiadas, as quais compõem um rico elenco de reflexões sobre a obra do poeta, além do relatório do escritor e poeta Gerardo Mello Mourão, pela comissão julgadora, e, claro, uma apresentação do senador Abdias Nascimento.

Parte importante da missão parlamentar que Abdias Nascimento assumiu era dar visibilidade e repercussão às iniciativas do movimento social negro, trazendo seus temas e suas proposições ao debate do Congresso Nacional. Com bastante frequência, seus pronunciamentos e projetos de lei registram essas iniciativas e proposições, abrangendo uma ampla gama de vozes e entidades negras desde a década de 1930 até o final do século xx. Várias demandas e propostas do movimento negro, como a criação do Dia Nacional da Consciência Negra, chegaram à Câmara dos Deputados por meio da atuação de Abdias Nascimento durante a legislatura anterior à Assembleia Nacional Constituinte. O deputado citava e transcrevia as ações e posições das entidades e lideranças do movimento social quando introduzia e defendia essas medidas no Congresso Nacional.

Abdias Nascimento atuou como deputado na legislatura que votou o projeto das Diretas Já! e, na sua derrota, elegeu Tancredo Neves como presidente civil e preparou

---

1. Ver C.L.R. de Medeiros (org.), *100 Anos Sem Cruz e Sousa*.

o caminho para a Constituinte de 1988. Essa legislatura coincidiu com o primeiro mandato de governadores civis e legisladores estaduais e municipais eleitos em 1982. Na memória histórica do senso comum, esse período fica relativamente apagado, prevalecendo o marco da Constituinte como referência do fim do regime de exceção.

Em minha opinião, o período histórico que melhor reflete o propósito da missão parlamentar de Abdias Nascimento é o da reconstrução da democracia após o regime de 1964, desde a reorganização dos partidos políticos e a volta dos exilados em 1979 até a realização da Assembleia Constituinte de 1988. Essa janela histórica marca a segunda vez que Abdias Nascimento ajudava a dar voz ao esforço dos negros brasileiros de participar na construção dos rumos políticos do País. Quatro décadas antes, com a derrocada do regime do Estado Novo, as organizações negras reunidas na Convenção Nacional do Negro lançaram seu *Manifesto à Nação*[2]. Abdias Nascimento era fundador e diretor do Teatro Experimental do Negro (TEN), que convocou essa Convenção. Em grande parte, foi resultado de seu trabalho de articulação o fato de os principais partidos políticos subscreverem ou declararem apoio ao manifesto. Na Assembleia Constituinte de 1946, por sugestão de Abdias Nascimento, o senador Hamilton Nogueira apresentou um projeto de emenda que incorporava parte das demandas da Convenção. Rejeitada a proposta, o TEN concentrou esforços no apoio e incentivo aos negros que se candidatassem a cargos eletivos. O jornal *Quilombo*[3], órgão do TEN, abria suas páginas a candidatos negros de todos os partidos[4]. Assim, ele dava continuidade à luta empreendida na década anterior, em que a organização mais visível fora a Frente Negra Brasileira,

---

2. Transcrito como anexo na biografia de Abdias Nascimento em E.L. Nascimento, *Abdias Nascimento: Grandes Vultos Que Honraram o Senado*, p. 287-288; disponível em: <https://ipeafro.org.br/acervo-digital/>.
3. Disponível em: <https://ipeafro.org.br/acervo-digital/>.
4. *Quilombo: Vida, Problemas e Aspirações do Negro*, ano II, n. 7-8, p. 5.

fechada em 1937 quando o regime do Estado Novo cassou o registro de todos os partidos políticos.

Quarenta anos depois, o país vivia novamente um período de redemocratização, elegendo em 1982 os parlamentares integrantes da legislatura anterior à Constituinte de 1988. Negociavam-se as bases da sonhada Nova República. Caminhava-se para a conquista das eleições diretas para presidente do país e a elaboração da Constituição Cidadã. Dessa vez, Abdias Nascimento exercia o mandato parlamentar. Como deputado federal, ele se engajou com a própria voz, defendendo as propostas do movimento negro. Posicionava-se explicitamente como representante da população negra, dedicando o mandato à questão racial, fato que inspirava receio, desconfiança e rejeição entre seus pares. Tal ambiente hostil era fruto e reflexo da ideologia da "democracia racial" que prevalecia no âmbito do Congresso Nacional e negava a existência do racismo no Brasil e a identidade específica dos negros, atribuindo implicitamente aos brancos a autoridade para definir os padrões sociais e a própria cultura negra do país. Essa autoridade do branco imbricada no tecido das relações sociais brasileiras escorava o tom e a abordagem de vários interlocutores do deputado Abdias Nascimento. Ele era, afinal, um só a declarar-se negro, e ainda ousava desmantelar as bases dessa ideologia tão cara à Nação, assim desafiando a hegemônica autoridade branca que ela sustentava.

Ao término do exercício do mandato, certamente Abdias Nascimento havia contribuído para mudar esse cenário. Uma leitura do conjunto dos discursos revela, no diálogo travado por meio de apartes solicitados por colegas, uma nítida evolução na recepção do tema. O deputado Abdias não se intimidava quando, imbuídos da autoridade da brancura, seus colegas tinham a certeza de desmoralizar e desacreditar suas afirmações. Ele respondia com firmeza e não hesitava em desmascarar a intenção protelatória de alguns oradores pretensamente solidários que o aparteavam.

2. MEMORIAL ZUMBI E FUNDAÇÃO CULTURAL PALMARES

No contexto histórico em que publicamos este livro, merece menção especial o caso da Fundação Cultural Palmares, objeto de um processo de desmonte e campanha de mentiras protagonizados do governo Bolsonaro, que também extinguiu o Ministério da Cultura, transformando-o em uma secretaria subordinada à pasta do Turismo.

A Fundação Cultural Palmares surgiu da atuação intensa, coletiva, de Abdias Nascimento e de entidades e lideranças do movimento negro. Desde o final da década de 1970, Abdias participou de iniciativas como a criação do Memorial Zumbi, que reunia entidades do movimento negro de todo o país com setores públicos, como o então Serviço do Patrimônio Histórico e Artístico Nacional, o Sphan (hoje Iphan), e a Universidade Federal de Alagoas. Ao propor a desapropriação da Serra da Barriga, o Memorial Zumbi também impulsionou a criação de um órgão federal destinado ao estudo, à formulação e à execução de políticas públicas em relação à cultura negra e aos quilombos.

O embrião desse órgão foi a Assessoria de Cultura Afro--Brasileira, instituída no âmbito do então recém-criado Ministério da Cultura. Cabe afirmar que a criação do Ministério da Cultura foi uma conquista de grande porte. Entre seus mais importantes articuladores estava o político e "homem de cultura" (frase bem característica da época) José Aparecido de Oliveira (1929-2007). Como secretário de cultura do Estado de Minas Gerais, na gestão do governador Tancredo Neves, José Aparecido organizou o Fórum Nacional de Secretários de Cultura e realizou o 1º Encontro Nacional de Política Cultural (Ouro Preto e Belo Horizonte, 1984). "Do encontro participaram figuras angulares no pensamento nacional, como Celso Furtado, Darcy Ribeiro, Ferreira Gullar, Carlos Castello Branco, Millôr Fernandes, Cláudio Abramo, Abdias Nascimento, entre outros", comentou Mauro Santayana[1]. Celso Furtado presidiu a mesa sobre cultura afro-brasileira, cuja realização marcou um momento fundamental na articulação política do movimento negro. Com a participação de Abdias Nascimento, Lélia González, Marcos Terena, Beatriz Nascimento, Dalmir Ferreira, Carlos Alves Moura e outros, a mesa resultou na inclusão, no documento final do Encontro, de propostas sobre a necessidade de políticas públicas de cultura voltadas às populações majoritárias cuja dominação colonial as tornou minorias sociológicas[2].

O encontro foi um marco importante no processo de construção política da criação do Ministério da Cultura, em que ativistas e intelectuais negras e negros estavam plenamente engajados.

1. Apud F.M. Ferron; M.A.N. Arruda, Cultura e Política: A Criação do Ministério da Cultura na Redemocratização do Brasil, *Tempo Social*, v. 31, n. 1, p. 176.
2. Transcrição da 5ª Sessão de Debate: Etnias e Identidade Cultural, *Anais do I Encontro Nacional de Política Cultural*, Propostas, p. 131-141.

O Ministério da Cultura foi criado em 15 de março de 1985 e seu primeiro titular foi o então deputado José Aparecido. Nessa primeira gestão[3], teve êxito o esforço coletivo para criar a Assessoria de Cultura Afro-Brasileira e pautar a organização da comemoração do Centenário da Abolição da Escravatura. O deputado Abdias Nascimento protagonizou essa articulação junto com intelectuais e ativistas do movimento negro, e o resultado desse trabalho foi o nascimento da Fundação Cultural Palmares, em 22 de agosto de 1988. Carlos Alves Moura, advogado, ativista do Memorial Zumbi e membro da Comissão Justiça e Paz (da Comissão Nacional dos Bispos do Brasil – CNBB), foi titular da Assessoria de Cultura Afro-Brasileira e exerceu o primeiro mandato de presidente da Fundação Palmares (1989-1990). Ele voltou a presidir a fundação na gestão do ministro Francisco Weffort, de 2001 a 2003.

Ao longo de sua história, a Fundação Cultural Palmares realizou várias iniciativas e deixou registros importantes da cultura afro-brasileira em publicações, realizações, debates e construções. O Parque Nacional Zumbi dos Palmares, em Alagoas, é um de seus feitos duradouros, realizado por meio de ações e parcerias com os governos do estado de Alagoas e do município de União de Palmares. Entre outras realizações da fundação estão concursos e festivais de pesquisa e cultura, a produção e publicação de textos literários, a titulação de diversas comunidades quilombos e a homenagem a figuras públicas negras que honraram a história da nação brasileira.

Certamente, outros escritores, pesquisadores e testemunhas irão registrar a rica história da Fundação Cultural Palmares. Cabe aqui apenas este singelo registro de parte da saga de sua criação.

---

3. O professor Aluísio Pimenta exerceu o cargo de 29 de maio de 1985 até 13 de fevereiro de 1986, sucedido pelo economista Celso Furtado. José Aparecido voltou a exercer o cargo de 19 de setembro de 1988 até 14 de março de 1990.

3. O PARLAMENTAR

A atuação de Abdias Nascimento nesse período tão intenso e definitivo dos novos caminhos do Brasil foi um ponto de inflexão na vida e obra de uma personalidade que deixou sua marca no país e no exterior. O caminho se inicia em Franca, interior do estado de São Paulo, e passa por uma infância rica em calor humano e pobre em recursos materiais. Ainda criança, aprendeu a lição da solidariedade panafricana com sua mãe, dona Josina, doceira e ama de leite de personalidade meiga e tranquila que, ao ver um menino negro levando surra de uma vizinha branca, se transformou ao defender a criança, arrancando-a com fúria do alcance da senhora que nela batia. Na adolescência, recém-formado em contabilidade, a busca de Abdias por inserção profissional foi impetuosamente trancada pelo racismo. Procurando outros rumos, saiu de Franca, para isso se lançando numa aventura como soldado do Exército. Como soldado, atuou nas Revoluções de 1930 e 1932, período em que, sem formação e informação, sem acesso a leituras aprofundadas sobre o assunto, ele procurava se situar diante das questões políticas de seu tempo. Nessa busca se definem os rumos do jovem adulto que se situa como intelectual e ator social nas décadas que se seguem. Ele exerce sua nítida vocação jornalística ajudando, dentro do quartel, a fundar o jornal esquerdista *O Recruta*, influenciado pelo ideário comunista. Sensibilizado pela condição colonial que ainda sofre o país, assiste a discursos de Plínio Salgado e lê manifestos do movimento integralista em defesa da Nação brasileira, que o atraem ao abordar, inclusive, os direitos do negro. Mobilizado pela defesa dos interesses nacionais, Abdias Nascimento participa do integralismo como jornalista durante alguns meses no ano de 1935, e se afasta nesse mesmo ano ao identificar o racismo no movimento. Em 1936, se manifesta contra a presença dos navios de guerra dos Estados Unidos na Baía da Guanabara e é preso, condenado pelo mesmo Tribunal de Segurança Nacional que condenou Luiz Carlos Prestes e trancado com ele na mesma Penitenciária Frei Caneca. Junto com presos comunistas e ex-integralistas, Abdias Nascimento ajuda a criar, dentro da prisão, um seminário para aprender e debater sobre os principais problemas nacionais.

Apesar de romper com o integralismo ainda em 1935, até o fim da vida Abdias Nascimento sofreu, por parte de segmentos da esquerda, uma perseguição nunca dirigida a outros intelectuais e figuras públicas em função de seus passados integralistas. Dom Hélder Câmara, João Cândido, Vinícius de Moraes, São Thiago Dantas, Alceu Amoroso Lima, Rômulo de Almeida e tantos outros tiveram esses seus passados perdoados. A perseguição especial se deve, em minha opinião, ao fato de Abdias Nascimento afirmar a centralidade da questão racial para a justiça social. Para tais segmentos da esquerda, defender os direitos do negro divide a classe operária. Procuram desautorizar a luta antirracista invocando a passagem pelo integralismo de intelectuais e ativistas negros.

Abdias Nascimento viveu o regime do Estado Novo e o período de redemocratização; testemunhou o mandato de Getúlio Vargas como presidente eleito e a construção de Brasília sob Juscelino Kubitschek. Foi o primeiro diplomado do Instituto Superior de Estudos Brasileiros (Iseb). Testemunhou como cidadão brasileiro o movimento da legalidade liderado por Leonel Brizola contra a tentativa de golpe militar em 1961, a posse de João Goulart, as reformas de base e o golpe de 1964. Durante todos esses períodos, ele se movimentava tanto no terreno cultural como no ativismo político, protagonizando diversos tipos de ação e criação que convergiam no combate ao racismo e na defesa dos direitos civis e humanos do povo negro.

Em visita de intercâmbio nos Estados Unidos quando foi promulgado o Ato Institucional n. 5, em 1968, Abdias Nascimento não pôde voltar ao Brasil, já que era alvo de vários Inquéritos Policiais Militares. Durante treze anos, atuou no exterior como professor universitário e panafricanista, desenvolveu sua criação como artista plástico e participou da reorganização, desde o exterior, do trabalhismo brasileiro. Voltando definitivamente ao Brasil em 1981, fundou o Instituto de Pesquisas e Estudos Afro-Brasileiros (IPEAFRO) e liderou a criação da Secretaria do Movimento Negro do Partido Democrático Trabalhista (PDT), além de participar ativamente do Memorial Zumbi, organização que reunia entidades negras de todas as regiões do Brasil em torno da proposta de recuperar as terras de Palmares na Serra da Barriga para benefício da população brasileira e da causa do combate ao racismo.

Instigado por Abdias Nascimento, por outras lideranças e pela Secretaria do Movimento Negro do PDT, além do movimento social negro em geral, Leonel Brizola, pela segunda vez eleito governador do Rio de Janeiro, criou em 1991 o primeiro e único órgão executivo de governo estadual incumbido de articular políticas públicas de defesa e promoção da população negra, e nomeou Abdias Nascimento como seu titular. Eleito com Darcy Ribeiro e

Doutel de Andrade numa chapa tripla para o Senado em 1990, Abdias Nascimento trilhou como senador o mesmo caminho que construía desde a década de 1920. Ainda assumiu um breve mandato à frente da Secretaria de Direitos Humanos e Cidadania do Governo do Estado do Rio de Janeiro no início da gestão emergente da aliança entre as forças de esquerda (PT e PDT).

No século XXI, Abdias Nascimento atuou no processo preparatório e no fórum da sociedade civil da 3ª Conferência Mundial Contra o Racismo, realizado em Durban, África do Sul, em 2001. Os respectivos discursos estão registrados nos Documentos 9 e 10 do livro *O Quilombismo*[1]. Aos 87 anos, ele dava continuidade no novo século à atuação internacional que desempenhava com destaque desde 1966, quando denunciou ao mundo africano o critério racista que excluía os artistas e intelectuais ligados ao Teatro Experimental do Negro da delegação brasileira ao 1º Festival Mundial de Artes Negras, realizado em Dacar, Senegal[2]. Presente nas reuniões preparatórias e no plenário do 6º Congresso Pan-Africano, realizado em Dar-es-Salaam, Tanzânia, em 1974, ele iniciou a participação dos afrodescendentes da América Central e do Sul no processo histórico panafricano. Foi um ator principal no palco da organização regional dos movimentos negros, o 1º e 2º Congressos de Cultura Negra das Américas. Organizou e presidiu o terceiro desses Congressos, realizado em São Paulo em 1982. O livro *O Quilombismo* registra vários exemplos da atuação panafricanista protagonizada por Abdias Nascimento.

Até despedir-se do *aiyê* em 2011, ele continuou ativo e alerta nesse mesmo caminho.

---

1. A. Nascimento, *O Quilombismo*, 3. ed., p. 355-374.
2. Ibidem, p. 321-332.

4. RUMO À NOVA REPÚBLICA: CÂMARA DOS DEPUTADOS (1983-1987)

"Sou boi de piranha", dizia Abdias Nascimento. Assim se declarava disposto a ser ele mesmo engolido para abrir caminho para o povo cujos direitos e igualdade de oportunidade ele defendia. Com sua atuação na Câmara dos Deputados durante a 47ª Legislatura (de 1983 a 1987), ele mostrou essa disposição ao defender ideias e projetos de lei que aquela Casa recebia sem qualquer simpatia. Por meio de um trabalho pedagógico consistente e incansável, de convencimento e de articulação política, Abdias Nascimento conseguiu aprovar seus projetos nas comissões técnicas. Apesar da tramitação exitosa, a grande maioria de suas proposições não chegou à plenária para ser votada, em razão do veto monocrático da presidência na negociação dos acordos de liderança.

Com raríssimas exceções, os colegas deputados estavam acostumados a ouvir e proferir o tradicional discurso de autoelogio das elites dominantes do país em relação à questão racial. Nas datas simbólicas, notadamente o dia 13 de maio, eles celebravam a alegada benevolência brasileira para com os serviçais negros, libertados do jugo escravista pela bondade de uma princesa. Relevavam a harmonia racial da sociedade brasileira e a suposta falta de discriminação com base em cor ou raça. Para eles, poderia existir no Brasil um ou outro "psicopata" com atitudes racistas, mas "Graças a Deus [...] a imensa maioria dos seus habitantes vive fraternalmente, sob o ambiente da mesma camaradagem, confraternizando, sem discriminação de espécie alguma"[1]. Os parlamentares costumavam destacar "reiteradas vezes desta tribuna" que o Brasil é "um País por excelência democrático em seu sentido amplo e profundo. Aqui não existe discriminação de raças; aqui todos vivem na mais perfeita harmonia"[2]. Alegavam que não existe, no Brasil, a discriminação racial, mas apenas a "social", isto é, a de classe. De acordo com o padrão de comportamento das altas camadas da sociedade brasileira[3], os parlamentares ficavam indignados diante de qualquer afirmação da existência de racismo no Brasil e inflamadamente se defendiam contra a percebida agressão pessoal intolerável contida, para eles de forma implícita e irrevogável, em tal afirmação. A esquerda ideológica costumava partilhar esse mesmo padrão de comportamento, arguindo ainda que lutar contra o racismo seria dividir a classe operária e prejudicar a revolução.

Ao assumir a cadeira de deputado em 1983, Abdias Nascimento desafiou esse padrão de forma direta e contundente. Ele apresentou projetos de lei que propunham

---

1. Palavras do então deputado Feu Rosa (Arena-ES, 43ª Legislatura). *Diário da Câmara dos Deputados*, 7 nov. 1968, p. 7.876, apud M.F. Sousa, *As Relações Raciais na Câmara dos Deputados*, p. 43.

2. Palavras do deputado Antônio Bresolin (MDB-RS, 44ª Legislatura), *Diário da Câmara dos Deputados*, 16 maio 1973, p. 1.453, apud M.F. Sousa, *As Relações Raciais na Câmara dos Deputados*, p. 51.

3. Padrão descrito como *etiquette* ou protocolo de relações raciais pelo professor Anani Dzidzienyo, *The Position of Blacks in Brazilian Society*, p. 5.

políticas públicas para reparar o legado de racismo e discriminação que alocava os brasileiros de origem africana nas camadas mais baixas da hierarquia social do país. Contra os argumentos tradicionais, emergentes do senso comum e do paradigma acadêmico então prevalecente da harmonia e "democracia racial" brasileira, Abdias Nascimento observava que, em contraste com imigrantes europeus e asiáticos relativamente recém-chegados que se encontravam assimilados em muito maior proporção nas altas escalas sociais e econômicas, os negros permaneciam há cinco séculos na pobreza ou miséria em consequência do racismo. Escravizados durante a maioria desse tempo em função de sua negritude, no período republicano eles foram excluídos da nascente economia urbana industrial erguida com base na importação de mão de obra europeia com o objetivo explícito de embranquecer a população. Os negros sofriam com a falta de acesso a educação, emprego, moradia, serviços de saúde e meios de subsistência em razão da discriminação racial motivada pela mesma ideologia que buscava "melhorar a raça" da população do Brasil. A própria Constituição brasileira incorporou o ideal da eugenia[4]; de acordo com lei promulgada em 18 de setembro de 1945, a política imigratória do Brasil visava atender à "a necessidade de preservar e desenvolver, na composição étnica da população, as características mais convenientes da sua ascendência europeia"[5].

---

4. Presidência da República, Casa Civil, Subchefia para Assuntos Jurídicos. Constituição da República dos Estados Unidos do Brasil (de 16 jul. 1934), Artigo 138-b; disponível em: <https://www.planalto.gov.br/ccivil_03/>.
5. Presidência da República, Casa Civil, Subchefia para Assuntos Jurídicos. Decreto-lei n. 7.967 de 18 set. 1945, Art. 2. Presidência da República; disponível em: <http://www.planalto.gov.br/ccivil_03/>; apud A. Nascimento, *O Genocídio do Negro Brasileiro*, p. 71.

Campanha e Contexto Político

O mandato de Abdias Nascimento resultou das primeiras eleições do processo de abertura e reorganização política do país, no bojo da vitória do Partido Democrático Trabalhista (PDT) liderada no Rio de Janeiro pelo governador eleito Leonel Brizola. Tratava-se de um fato importante na consolidação da nova democracia que se construía ainda sob a tutela do regime militar, já que a sigla histórica do PTB (Partido Trabalhista Brasileiro) havia sido entregue a setores conservadores. As forças políticas reunidas em torno de Brizola, que representavam a tradição política do trabalhismo ligado às propostas de reformas de base, se viram obrigadas a fundar uma nova agremiação partidária. Contra todas as previsões, o pequeno PDT ganhou a eleição no Rio, mas Brizola ainda precisou denunciar e enfrentar uma tentativa de fraude executada pela empresa Proconsult[6], para fazer prevalecer o resultado das urnas. A confirmação da vitória do recém-fundado PDT no Rio de Janeiro, em condições tão adversas, indicava ao país que o princípio democrático poderia prevalecer. As eleições de 1982, porém, estavam longe de concluir o processo de abertura democrática. Faltava eleger o presidente da República e realizar a Assembleia Nacional Constituinte. O país estava em plena ebulição, e um movimento negro ativo e crescente fazia parte da agitação política em favor da democracia. Abdias Nascimento atuou na Câmara dos Deputados como representante desse movimento.

Ativista do antigo PTB, Abdias Nascimento havia participado da articulação e reorganização das forças trabalhistas sob a liderança de Brizola desde os tempos do exílio, atuando de forma intensa para incluir a questão racial na agenda partidária. Efetivamente, em grande parte como resultado de seus esforços de convencimento político, a Carta de Lisboa,

---

6. Ver P.H. Amorim; M.H. Passos, *Plim-Plim: A Peleja de Brizola Contra a Fraude Eleitoral.*

documento do encontro de 1979 que marcara a retomada da trajetória trabalhista com vistas à construção da democracia no Brasil, afirmava entre as prioridades do novo partido a de "buscar as formas mais eficazes de fazer justiça aos negros e aos índios que, além da exploração geral de classe, sofrem uma discriminação racial e étnica, tanto mais injusta e dolorosa, porque sabemos que foi com suas energias e com seus corpos que se construiu a nacionalidade brasileira"[7]. No momento das primeiras eleições da abertura política, em 1982, o PDT se destacava ao definir no seu estatuto, como prioridade programática, a defesa dos direitos dos negros e dos índios e a luta contra a discriminação racial. Sob a liderança de Abdias Nascimento o PDT havia fundado um órgão interno, a Secretaria do Movimento Negro, que reunia os negros organizados dentro do partido como protagonistas da ação política em torno dessa prioridade programática.

Ao assumir o Governo do Estado do Rio de Janeiro em 1983, Leonel Brizola concretizara o compromisso partidário ao nomear como secretários três profissionais negros[8]. Um de seus primeiros atos como governador foi o de instituir o dia 21 de março, Dia Internacional pela Eliminação da Discriminação Racial, como data a ser comemorada oficialmente no Estado. O texto desse decreto inclui a primeira afirmação de que temos conhecimento, em documento oficial de governo, da necessidade de superar o racismo no Brasil[9]. Tudo isso era fato inédito,

---

7. Encontro dos Trabalhistas do Brasil Com os Trabalhistas no Exílio, Lisboa, 15, 16, 17 jun. 1979. Documento do Acervo Ipeafro, Seção Atuação Política de Abdias Nascimento, Série PTB-PDT, Dossiê: PTB no Brasil e no Exílio; disponível em: <http://www.pdt.org.br/index.php/memoria-pdt/documentos/carta-de-lisboa/pag-02>.

8. O coronel Carlos Magno Nazareth Cerqueira, secretário da Segurança; a médica Edialeda Salgado Nascimento, secretária de Promoção Social; o jornalista Carlos Alberto de Oliveira Caó, secretário do Trabalho e da Habitação.

9. Decreto do governo do estado do Rio de Janeiro n. 6.627, de 21 mar. 1983. Assembleia Legislativa do Estado do Rio de Janeiro, Coordenação de Biblioteca, Legislação Estadual do Rio de Janeiro. Rio de

e ainda controverso, no cenário político brasileiro daquele momento histórico.

Em sua campanha, Abdias Nascimento havia definido de modo afirmativo que o objetivo maior de sua plataforma política era combater o racismo e lutar pelos direitos civis e humanos da população negra. Incorporando o princípio defendido pelo partido desde a Carta de Lisboa de 1979, ele protagonizara com o líder indígena Mário Juruna uma dobradinha inédita: ambos eram candidatos a deputado federal e fizeram campanha juntos, publicando um manifesto sobre os pontos comuns da agenda política dos negros e dos índios[10]. Esse gesto inédito sublinhava a postura supraeleitoral dos dois candidatos, cujo objetivo maior, antes de angariar votos, era conscientizar e dar visibilidade às causas que representavam.

Calcada nos compromissos partidários e voltada à questão racial, a campanha eleitoral de Abdias Nascimento foi conduzida sob o lema "O povo negro no poder!". Nas reuniões do partido e nos comícios, ele apontava incansavelmente, de forma didática, a ausência de negros nos altos escalões do poder civil, militar, cultural e eclesiástico. No legislativo, no executivo e no judiciário; em todas as Forças Armadas; nos Conselhos de Educação e Cultura; no teatro, no cinema, na televisão, no jornalismo, nas artes plásticas; nas instituições do país em geral, nunca ou raramente um negro ocupava cargo de comando, direção ou primeiro escalão. Mas em todos esses meios o fato passava despercebido porque era considerado "natural". Abdias Nascimento vinha chamando a atenção para o caráter antidemocrático dessa exclusão desde a década de 1940, inclusive em outras

---

Janeiro, v. 9, n. p. 173-234. Documento do Acervo Ipeafro, Seção Atuação Política de Abdias Nascimento, Série PTB-PDT, Dossiê: Dia 21 de março, Dia Internacional pela Eliminação da Discriminação Racial.

10. Manifesto ao Povo do Estado do Rio de Janeiro – O Negro e o Índio, Unidos na Libertação. Impresso de campanha (1982). Documento original, Acervo Ipeafro, Seção Atuação Política de Abdias Nascimento, Série Campanhas Políticas de Abdias Nascimento, Dossiê: Campanha 1982.

campanhas eleitorais, com pouco sucesso. Nas eleições de 1982, apesar dos esforços de ativistas do movimento negro dentro dos partidos, o tema ainda era pouco discutido. Prevalecia aquela visão de harmonia racial refletida no discurso dos parlamentares citados no início deste capítulo. Por isso, o mote de campanha "O Povo Negro no Poder!" soava inusitado e provocador.

Atuação Parlamentar

Quando assumiu sua cadeira na Câmara dos Deputados, Abdias Nascimento iniciou sua missão parlamentar de forma inédita, invocando desde a tribuna os deuses da África:

> Sr. Presidente, Srs. Deputados, invoco o nome de Olorum, criador de todas as coisas: dos seres humanos e do universo. Invoco as forças telúricas da nossa pátria ancestral – a Mãe África. Invoco Exu, senhor de todos os caminhos da existência humana, senhor das encruzilhadas onde a contradição dialética vem ocorrendo desde os tempos imemoriais presididos pelos mitos. Ainda daqueles tempos mítico-históricos, evoco e suplico a proteção da mãe ancestral de todos nós, Nossa Senhora Oxum, doadora do amor, da compaixão e da esperança.[11]

Por considerar evidente, o deputado Abdias não perdeu tempo explicando que a invocação dos deuses tão caros aos fiéis brasileiros do candomblé e de outras matrizes religiosas de origem africana era consequência natural de sua igualdade de condições em relação à fé católica, tão presente no cotidiano do Congresso e do Estado laico nacional. Toda sessão do Parlamento inicia-se com a frase "Sob a proteção de Deus", e não há dúvida de que se trata do Deus

---

11. *Diário da Câmara dos Deputados*, 14 maio 1983, p. 3.296, apud M.F. Sousa, *As Relações Raciais da Câmara dos Deputados*, p. 141; A. Nascimento, *Combate ao Racismo: Discursos e Projetos de Lei*, v. 1, p. 9. Daqui em diante, citaremos essa obra, em seis volumes, apenas como *Combate ao Racismo*.

cristão. Na Câmara dos Deputados, conforme observa o cientista político Marconi Sousa[12], "a exposição de crenças cristãs é corriqueira [...] o Plenário sempre foi um espaço em que a manifestação cristã era naturalmente aceita e, de fato, predominante". Para o deputado Abdias Nascimento, se o princípio do Estado laico permite invocar nas sessões do Congresso Nacional o deus dos católicos e protestantes, então o princípio da igualdade assegura que os deuses de outros brasileiros também têm espaço naquela Casa do povo. Longe de resumir-se a um único incidente, o apelo aos deuses africanos se fez uma presença constante em seus pronunciamentos. Assim, Abdias Nascimento indicava que sua abordagem da igualdade do negro seria ampla, aprofundada e inusitada.

Outra característica de sua atuação parlamentar emerge nessa forma de abrir seu pronunciamento: em um momento histórico bem anterior à popularização do multiculturalismo, que somente uma década depois ganharia espaço e legitimação na mídia, constituía um gesto bastante corajoso invocar esses deuses, em particular Exu, amplamente identificado no imaginário brasileiro com o demônio e o pecado. Mesmo sabendo que por isso ele poderia ser ridicularizado ou menosprezado na sua condição de parlamentar, sofrendo consequências e repercussões negativas em suas relações com os pares e com a mídia, ele não desistia de afirmar de forma plena e consequente a igualdade do negro com sua identidade e cultura própria, mesmo nas primeiras vezes que ele se dirigia ao Plenário. Assumindo e demonstrando sua identidade negra fincada na ancestralidade e tradição cultural afro-brasileira, ele se expunha junto aos pares e ilustrava com seu próprio exemplo a segregação a que o negro está sujeito na sociedade brasileira. Ao defender seus princípios e suas propostas, Abdias Nascimento estava disposto a desafiar instituições e autoridades, enfrentar polêmicas e arcar

12. M.F. Sousa, *As Relações Raciais da Câmara dos Deputados*, p. 141.

com as consequências. Dispunha-se, como ele mesmo dizia, a fazer o papel de boi de piranha.

Coerente com essa metáfora, o enfoque de sua atuação era a coletividade da população afrodescendente e sua inserção na sociedade brasileira. Entretanto, seria um equívoco afirmar que ele atuava *exclusivamente* em função da questão racial, pois apresentou vários projetos e se engajou em diversas causas referentes a outros temas[13].

Sabendo que a falta de interesse e conhecimento aliada à proliferação de equívocos sobre a história da inserção social dos negros brasileiros impedia a compreensão de seu papel no contexto contemporâneo, Abdias Nascimento se dedicava a um trabalho didático, informando seus colegas acerca da história e vida da população negra e realçando o protagonismo dos descendentes de africanos, desde o início da colonização do Brasil, à frente de quilombos, insurreições e movimentos sociais e como principais responsáveis pela construção da Nação. Demonstrando as graves desigualdades a que estavam submetidos os afrodescendentes, ele propunha soluções na forma de políticas públicas direcionadas à eliminação dessas desigualdades. Levava ao Congresso Nacional as propostas e reivindicações do movimento negro, cujas entidades ele citava, dando notícia de suas iniciativas e registrando nos anais da Casa seus textos e documentos. Assim ele afirmava e demonstrava que os negros falam e agem por si próprios, ao contrário do entendimento comum da política tradicional em que, subalternizados, serviam de cabo eleitoral a candidatos brancos que, eleitos, os "representariam" no poder.

Neste capítulo pretendo trazer ao leitor uma amostra da atuação do deputado Abdias Nascimento durante seu

13. Projeto de lei que proíbe a construção de usinas nucleares sem prévia consulta à população local (PL 1.581/1983); apoio à causa dos intérpretes artísticos (direitos de imagem); solidariedade à Nicarágua; readmissão de sindicalistas demitidos em telecomunicações; venda de aviões militares brasileiros a Honduras; indústria de armamentos; repúdio ao centrismo governamental são alguns dos temas registrados nos diversos volumes de *Combate ao Racismo* (v. 1-6).

primeiro mandato parlamentar, por meio de suas ações e palavras, e situar essa atuação no contexto daquele momento rico e único da história da Nação brasileira. Vamos iniciar esse passeio pelo tema da tradição religiosa de matriz africana, assim sublinhando a característica que considero como a tônica de sua atuação parlamentar: a presença, em cada gesto e em cada palavra, dos ancestrais, dos companheiros de luta e das gerações futuras de afrodescendentes a quem ele dedicava seus esforços e realizações.

O termo "afrodescendente" aqui se impõe como indicação da dimensão internacional da atuação de Abdias Nascimento e da causa que ele advogava. Para ele e para muitos ativistas do movimento social, os negros brasileiros pertencem ao conjunto dos povos africanos da Diáspora e do continente, sem prejuízo de sua profunda identidade nacional, assim como o Brasil sempre afirmou pertencer ao mundo ocidental sem deixar de ser brasileiro.

Tradição de Matriz Africana
na Tribuna da Câmara

Para Abdias Nascimento, não era apenas um assunto de debate o tema da ancestralidade e tradição de matriz africana. Refiro-me à "tradição" porque Abdias Nascimento atribuía à religiosidade de matriz africana uma dimensão maior, além da prática litúrgica dos ritos da fé. A vivência dessa tradição forma um *ethos*, incorporando o legado da ancestralidade africana, aí incluindo língua, música, cosmovisão, perspectiva cultural, expressão corporal, técnicas de comunicação, o corpo literário de herança intelectual transmitido oralmente entre gerações e assim por diante. Abdias Nascimento a considerava "o nosso parâmetro de identificação de nós mesmos. [...] a nossa religião tem, no mesmo grau que as outras, a sua filosofia, a sua ética, a sua epistemologia. Não existe inferioridade entre a nossa religião e qualquer outra religião do mundo"[14]. Ele observava como a influência dessa tradição extrapola o ambiente do terreiro, criando importantes fenômenos e expressões da cultura laica brasileira. Abdias Nascimento mostrava em seus discursos como a religião de matriz africana sofre, representa e simboliza no tempo atual as peripécias da experiência histórica do negro no Brasil: "Desde os primórdios de sua prática em nosso País pelos africanos escravizados, a religião do Candomblé se instituía como um templo dos Orixás e da resistência física e cultural de uma raça violentamente agredida". Além disso, ele contrapunha à tradicional visão folclórica e superficial dessa religião um conceito aprofundado e respeitoso, valorizando suas dimensões históricas e filosóficas e as pessoas, autoridades ou seguidores, protagonistas dessa tradição.

Aos sacerdotes e sacerdotisas eu rendo a minha profunda homenagem, porque foi nos terreiros de candomblé, da umbanda, foi nesses templos frequentemente varejados e desrespeitados pela violência policial, que a raça pôde sobreviver. Foi nesses templos que a raça buscou conforto e encontrou uma mão amiga para minorar as suas necessidades materiais e espirituais. Nesses templos, foram as iyalorixás e os babalaôs os responsáveis pela sobrevivência da nossa raça, fixando o que existe de coesão e de definição do negro como uma comunidade, um povo, uma nação. Temos muita dívida, uma dívida imensa para com essa religião. E quando dizem que a religião tem sido ópio do povo ou tem sido o instrumento de imobilização social, isto não se aplica às religiões africanas. Isto não se aplica ao candomblé, à umbanda, a nenhum dos ramos das chamadas religiões afro-brasileiras, porque estas, muito pelo contrário, têm sido a vanguarda, a nossa resistência cultural. [...] A história das nossas religiões ainda não foi escrita. Quando o historiador das nossas religiões escrever o que tem sido a penitência dos nossos templos e das nossas sacerdotisas e sacerdotes, se verá quanto sangue, quanto suor, quanta dor oculta foi necessário verter para que a nossa religião exibisse hoje essa face grandiosa.[15]

14. A. Nascimento, *Jornada Negro-Libertária*, p. 9.
15. Ibidem, p. 8-9.

Talvez pela primeira vez, o Congresso Nacional ouvia semelhantes informações oferecidas por um parlamentar desde a tribuna. E em outras oportunidades o deputado Abdias Nascimento as aprofundaria. Na ocasião do 50º aniversário do sacerdócio da Mãe Teté, chefe de um dos terreiros mais importantes do Brasil, o Ilê Axé Iyá Nassô Oká, conhecida como Casa Branca ou Candomblé do Engenho Velho, por exemplo, o deputado afirmou que a história desse terreiro

configura o processo da experiência negra em nosso País. Com mais de 150 anos de existência, ele se destaca como um dos bens culturais da Bahia e do Brasil, constituindo um símbolo de criatividade, espírito organizativo e de resistência à colonização cultural; infundindo à identidade do povo brasileiro a sua marca indelével[16].

Dando voz ao povo protagonista dessa tradição, ele transcreve como parte de seu pronunciamento as seguintes palavras do Sr. Antônio Agnelo Pereira, presidente da Sociedade Beneficente e Recreativa São Jorge do Engenho Velho, mantenedora do Candomblé:

"Sim, nossa gente tem sofrido muito. Lutamos contra o cativeiro e continuamos lutando contra outras injustiças, sempre com dignidade. Até há pouco tempo nosso culto era perseguido com cruel violência, mas resistimos. Ainda hoje, há quem despreze nossas tradições, nossa religião, tratando-a, por exemplo, como simples folclore, por ignorância ou preconceituosa má vontade. Isto não nos impede de manter a herança divina que recebemos."

O deputado então registra a linhagem fundadora da Casa Branca, assim inscrevendo no espaço intelectual do Congresso Nacional a figura histórica e contemporânea das mulheres negras portadoras e protagonistas desse patrimônio cultural do Brasil:

Este terreiro, fundado pela africana Iyá Nassô, instituiu ao longo do tempo uma verdadeira linhagem de sacerdotisas, iniciada com as

---

16. *Diário da Câmara dos Deputados*, 22 out. 1983, p. 11.339; *Combate ao Racismo*, v. 2, p. 48.

três Marias: Maria Júlia de Figueiredo (tia Iyá Nassô), Maria Júlia de Nazaré (tia Iyá Detá), Maria Júlia da Conceição (tia Iyá Kalá). [...] Dentre essas grandes mulheres negras da Casa Branca, eu quero celebrar a Dona Juliana Silva Baraúna, Iyakekerê do Templo do Engenho Velho.

Ele conclui estendendo a homenagem a todas as mães de santo, que "vêm, com sabedoria, paciência, energia e amor, orientando seu povo e possibilitando a sua sobrevivência"[17].

Longe de uma simples menção protocolar, essa homenagem às religiosas e à sua tradição se situa no contexto político mais amplo da questão racial: "Sr. Presidente, Srs. Deputados, celebrando essa valente e sábia negra da Bahia, quero também testemunhar o meu repúdio e a minha revolta contra a forma com que frequentemente é tratada a população negra naquele Estado". Abdias Nascimento cita a lavagem do Quilombo do Orunmilá no dia 7 de setembro no bairro da Liberdade, quando, em plena procissão, "os negros foram violentamente agredidos pela polícia militar daquele Estado, e sem nenhuma razão, sem nenhum fundamento foram presos os meus irmãos de raça Apolônio de Jesus, Lino de Almeida e Freitas". Ele observa que a Bahia é o estado das grandes festas religiosas católicas, e estas normalmente "não recebem esse tratamento violento e intempestivo por parte das autoridades", o que ocorre "com todas as manifestações culturais da raça negra". A seguir, ele contextualiza a homenagem ao aniversário de sacerdócio da Mãe Teté com outro fato simultâneo: a criação do Conselho Estadual da Condição Feminina do Estado de São Paulo. Constituído de 15 mulheres, o órgão não incluía nenhuma mulher negra. O deputado, "aproveitando esse momento de celebração das mulheres de minha raça" e observando que "os problemas da mulher branca não são os mesmos da mulher negra", faz da tribuna da Câmara dos Deputados

---

17. *Diário da Câmara dos Deputados*, 22 out. 1983, p. 11.339; *Combate ao Racismo*, v. 2, p. 49.

um apelo ao então governador Franco Montoro, "para que acolha a indicação do Coletivo das Mulheres Negras de São Paulo, para integrar o Conselho Estadual Feminino, as irmãs negras Thereza Santos, como membro efetivo, e Vera Lúcia Siqueira, para suplente". E o deputado vai mais adiante, comentando que "a pretensão das mulheres negras é bastante modesta": sendo majoritária a população negra, a representação delas no novo Conselho deveria ser de mais da metade dos assentos:

> Apelo ao espírito de justiça de Sua Excelência o Governador Franco Montoro, para que acolha a indicação, nomeando não apenas as indicadas, mas algumas outras mulheres negras, que podem, com muita dignidade, consciência e sabedoria, defender os interesses da comunidade negra de São Paulo nos altos conselhos do Estado e do seu Governo.[18]

Alguns meses mais tarde, quando registrou nos anais do Congresso Nacional o tombamento do Ilé Axé Iyá Nassô Oká como bem cultural do patrimônio histórico do país, uma vitória da cultura brasileira, novamente o gesto não foi meramente congratulatório. Ampliando-o para contemplar coletivamente os seguidores e os templos da tradição, o deputado fez transcrever nos anais da Câmara, por ser "muito esclarecedor das vicissitudes que atingem as instituições religiosas afro-brasileiras", um trecho da proposta para preservação do terreiro após tombamento elaborada pela Fundação Nacional Pró-Memória, órgão da Secretaria do Patrimônio Histórico e Artístico Nacional (Sphan):

> O terreno do Ilé Axé Iyá Nassô Oká, antigamente bem mais amplo, foi sendo ocupado por serviços diversos; exemplo, o posto de gasolina Esso Príncipe, edificado no local antes denominado Praça de Oxum. Esta edificação, além de mutilar a área do Terreiro, impede a visibilidade do conjunto monumental. Recomendamos a remoção total do estabelecimento, dentro do espírito do artigo 18 do Decreto-lei n. 25, para que esse espaço seja devolvido às suas

---

18. *Diário da Câmara dos Deputados*, 22 out. 1983, p. 11.339-11.340; *Combate ao Racismo*, v. 2, p. 50-52.

antigas funções de culto, sendo entregue à Sociedade Beneficente São Jorge do Engenho Velho. [...] Os reservatórios de gasolina contaminaram a água da Fonte de Oxum, que não pode ser mais utilizada pela comunidade de culto para fins rituais.

Tendo participado de iniciativas da sociedade civil pela remoção desse posto, o deputado se refere a uma série de medidas, sugeridas na proposta, e conclui observando que "não basta que haja o reconhecimento nacional da importância histórica e cultural do Ilé Axé Iyá Nassô Oká, através de seu tombamento [...]. Que sejam garantidas as ações de conservação e restauração necessárias ao dito patrimônio"[19].

Outra casa de culto da tradição religiosa africana que mereceu o apoio e a homenagem do deputado Abdias Nascimento foi a sociedade Ilé Asipá, fundada em Salvador pela mais alta autoridade do culto aos ancestrais, Alapini Deoscóredes Maximiliano dos Santos, o Mestre Didi. Ao apresentar projeto que declara de utilidade pública a sociedade Ilé Asipá, Abdias Nascimento afirmou:

Sacerdote, escritor, escultor e educador, Mestre Didi se propõe, junto a seus companheiros da sociedade Ilé Asipá, a desenvolver um trabalho espiritual e social de enorme relevância para a comunidade afro-baiana e afro-brasileira, recuperando a história e os valores culturais e religiosos do povo afro-brasileiro e do povo brasileiro em geral.[20]

Além de informar sobre as condições e necessidades das comunidades religiosas, Abdias Nascimento trazia os referenciais da tradição de matriz africana para o terreno mais amplo da ação e do discurso político nacional, assim demonstrando a adequação desses referenciais a diversos contextos e sublinhando que eles são tão "universais" ou "nacionais" quanto outros mais comuns. A campanha das Diretas Já!, por exemplo, marcou uma fase de mobilização popular sem precedentes em torno de uma causa de

19. *Diário da Câmara dos Deputados*, 16 jun. 1984, p. 5.922; *Combate ao Racismo* v. 3, p. 35-6.
20. Projeto de Lei n. 3.765 de 1984; *Combate ao Racismo*, v. 3, p. 92-93.

profunda importância histórica. Amarelo era símbolo da campanha[21]. Abdias Nascimento identificava a simbologia do amarelo, cor de Oxum, na tradição do candomblé: "Na sessão de ontem, do Congresso, um Deputado alegou que o amarelo fosse a cor da morte e do cemitério. Para a cultura negra, é a cor de Oxum, cor da fraternidade, do amor, da fecundidade e da criatividade."[22] Enfatizando a presença do povo negro nesse movimento cívico, Abdias Nascimento realçava o sentido dessa simbologia com outro desfecho:

O negro continua presente, de forma organizada, vestindo o amarelo da esperança democrática e da fraternidade, do amor e da criatividade de Oxum. Aliás, tanto se ressaltaram, nessa caminhada cívica, as três qualidades de nossa mãe Oxum, que bem poderíamos proclamá-la a patronesse espiritual das Diretas Já!. Oraiêiê-ô![23]

Um momento comovente desse período foi a doença e o falecimento de Tancredo Neves, o primeiro presidente civil eleito desde 1960. Eleito por voto indireto, já que foi rejeitada pela Câmara a emenda constitucional de autoria do deputado Dante de Oliveira (PMDB-MT), que instituiria as diretas em 1984, Tancredo Neves adoeceu e foi internado na véspera da posse, dia 14 de março, e veio a falecer em 21 de abril de 1985. O vice-presidente eleito, José Sarney, tomou posse em 15 de março em clima de incerteza, pois setores militares conservadores ainda manifestavam tendências a ameaçar a transição democrática. O presidente general João Figueiredo não compareceu à posse de Sarney.

No dia 21 de março de 1985, o presidente Tancredo Neves ainda se encontrava internado. Abdias Nascimento subiu à tribuna da Câmara naquele dia para fazer um pronunciamento sobre o Dia Internacional pela Eliminação da Discriminação Racial, o qual ele encerrou assim:

21. Ao escrever um livro sobre a campanha Diretas Já!, Caê de Castro deu-lhe o título *A Cor Amarela*.
22. *Diário da Câmara dos Deputados*, 27 abr. 1984, p. 2.544; *Combate ao Racismo*, v. 3, p. 51.
23. *Diário da Câmara dos Deputados*, 10 maio 1984, p. 3.234; *Combate ao Racismo*, v. 3, p. 13.

Termino, Sr. Presidente e Srs. Deputados, manifestando minha confiança na ação transformadora do nosso povo. Minha confiança na força dos Orixás da minha raça. Finalmente, imploro compaixão de Obaluaiyê para curar o mais rapidamente possível a enfermidade do nosso Presidente Tancredo Neves. Atôtô![24]

Usando os referenciais e a linguagem da tradição africana para tratar os problemas emergentes da Nação no plano político, o deputado os introduzia num patamar institucional da sociedade democrática, onde eram desconhecidos ou conhecidos de forma distorcida. Dessa forma ele assinalava como a matriz africana da cultura brasileira era excluída desse contexto, e ao mesmo tempo inseria seus referenciais em um plano elevado de discurso que os valorizava.

Coerente com essa posição, quando tomava posse Abdias Nascimento tinha a intenção de atuar em outra frente. Ele trabalhava em consonância com seu colega, o deputado Mário Juruna, impedido pelo então presidente da Câmara, Nélson Marchezan, de vestir traje indígena ao tomar posse. À mesa presidida por Flávio Marcílio (sucessor de Marchezan), Abdias Nascimento encaminharia ofício solicitando "modificação no Regimento Interno capaz de incluir entre os padrões de vestuário adequado ao comparecimento de parlamentares em plenário, não somente a roupa formal europeia, mas também o traje formal originário da África". Em entrevista concedida ao jornal *Correio Braziliense*, esclareceu que

esta proposta não pretende desformalizar o padrão do vestuário da Câmara, mas sim, conceder o merecido, embora tardio, reconhecimento à formalidade, dignidade e solenidade das tradições sociais africanas, desde que o Brasil, por suas vozes mais autorizadas, realça a contribuição africana à civilização brasileira[25].

---

24. *Diário da Câmara dos Deputados*, 22 mar. 1985, p. 1.584; *Combate ao Racismo*, v. 5, p. 20.
25. M. Rosário, Abdias Quer Trajes Africanos na Câmara, *Correio Braziliense*, 20 mar. 1983, p. 4. Documento original, Acervo Ipeafro, Seção Atuação Política de Abdias Nascimento, Série Câmara dos Deputados, Dossiê: Atuação de Abdias Nascimento na Câmara dos Deputados.

A proposta não chegou a ser formalizada em razão da urgência de outras prioridades e da distorção que sofreria pela mídia, sinalizada na imagem que acompanhava a própria matéria dessa entrevista: o deputado vestia uma bata informal, mas a legenda da foto anunciava, erroneamente, que seria essa a roupa que ele propunha usar na tribuna da Câmara.

Valorizar os referenciais de origem africana era um foco da atuação de Abdias Nascimento desde a década de 1940. Ele não se conformava com o tratamento dispensado às expressões artísticas e à religiosidade de matriz africana, vistas como elementos exóticos, folclóricos ou pitorescos, quando não primitivos ou fetichistas. Essa atitude desrespeitosa e preconceituosa e a necessidade de valorizar essa matriz cultural constituíam, para Abdias Nascimento, uma questão profundamente política que não se isolava da necessidade de valorizar o povo criador e portador desses valores. Por isso, ele ajudava a desmascarar o conteúdo racista de certas abordagens literárias ironicamente celebradas como antirracistas, mostrando a natureza acrítica da naturalização de atitudes racistas reproduzidas em tal literatura.

Nessa linha, como deputado ele enfrentou um dos ícones da sociedade tradicional baiana quando, no decorrer de uma entrevista à imprensa local, ele citou o racismo nos livros de Jorge Amado, em que, nas palavras de Doris J. Turner, "O agregado de imagens usado para criar a visão do Candomblé [...] manifesta implicitamente uma negação da religião afro-brasileira como religião, fazendo dela uma selvagem manifestação emocional de sensualidade e erotismo primitivos."[26] Outro estudioso do assunto, o inglês David Brookshaw[27], após minuciosa pesquisa chegou à

---

26. D.J. Turner, Symbols in Two Afro-Brazilian Literary Works: "Jubiabá" and "Sortilégio", em M. Willfond; J.D. Casteel, *Teaching Latin American Studies*, p. 56.

27. D. Brookshaw, *Raça e Cor na Literatura Brasileira*. Em 12 out. 1983, o autor concedeu entrevista à revista *Veja* sobre as conclusões de seu trabalho.

mesma conclusão que Abdias Nascimento registrara sete anos antes[28] sobre o racismo na obra do autor baiano. Após a publicação da entrevista do deputado Abdias Nascimento, a Assembleia Legislativa da Bahia aprovou uma moção de desagravo a Jorge Amado cujos termos deslizavam para o insulto pessoal. Abdias respondeu, em carta que ele entregou pessoalmente ao então presidente da Assembleia, deputado Luiz Eduardo Magalhães, em encontro com vários ativistas negros.

Vale a pena transcrever parte dessa carta, dando ao leitor a oportunidade de conhecer o tom da moção dos deputados e alguns trechos da obra em questão, bem como a resposta de Abdias Nascimento na sua própria expressão:

Recentemente, fiz algumas observações sobre o caráter do racismo brasileiro na sua expressão literária, exemplificada nos livros de Jorge Amado. Minhas críticas não continham nenhum ataque pessoal a Jorge Amado enquanto ser humano e cidadão; tinham como alvo tão somente o escritor de histórias retratando personagens e tradições culturais do povo a que pertenço, o de origem africana.

Uma recente moção votada por essa Assembleia Legislativa do Estado da Bahia define minhas observações como uma "agressão grosseira e injusta" contra o escritor. Ademais, são lançadas contra mim acusações e qualificações pessoais, tais como "profissional da negritude", estimulador de "uma ideologia insana", portador da "ambição neurótica de um ideólogo do ódio". Sem comentar o caráter infantil da utilização de semelhantes insultos pessoais no contexto de um debate sobre ideias ou análises sociais e literárias, quero registrar, publicamente, algumas reflexões sobre a referida moção, iniciando minhas considerações exatamente no ponto em que essa Assembleia Legislativa, encerrando sua manifestação de solidariedade a Jorge Amado, me acusa da autoria de uma "infâmia deplorável".

"Infâmia deplorável", contra o povo negro, é justamente aquela registrada, por exemplo, nas páginas de *Jubiabá*, quando o romancista fornece aos leitores sua versão da cultura religiosa afro-baiana:

"Oxalufã, que era Oxalá velho, só reverenciou Jubiabá. E dançou entre as feitas até que Maria dos Reis caiu estremunhando no

---

28. A. Nascimento, Racial Democracy, *Brazil: Myth or Reality*, 1. ed., p. 56-9; *O Brasil na Mira do Pan-Africanismo*, p. 172-178.

chão, assim mesmo sacudindo o corpo no jeito da dança, espumando pela boca e pelo sexo".

Nessa passagem não estamos frente a uma mera liberdade da recriação artística, ou da tipificação de uma personagem isolada dentro desse universo religioso. Muito pelo contrário, a cena transcrita é apenas uma entre as várias que expressam a visão consistente de Jorge Amado, ou seja, a infâmia deplorável que os signatários da moção da Assembleia Legislativa da Bahia projetaram sobre a minha pessoa. Basta se constatar em outro momento, no mesmo *Jubiabá*, via de regra considerado a versão exemplar, para o Brasil e o mundo, do gênio e da competência do autor no tratamento dos temas relativos à cultura negra na Bahia, o seguinte trecho, verdadeira síntese da criatividade jorgeamadiana:

"Ela rebola as ancas [...]. Desapareceu toda, só tem ancas. As suas nádegas enchem o circo, do teto até a arena. Rosenda Rosedá dança. Dança mística da macumba, sensual como dança da floresta virgem [...] A dança e rápida demais, é religiosa demais e eles são dominados pela dança. Não os brancos, que continuam nas coxas, nas nádegas, no sexo de Rosenda Rosedá. Mas os negros sim... dança religiosa dos negros, macumba, deuses da caça e da bexiga, a saia voando, os seios saltando."

Os brancos da Bahia, que vêm praticando esse preconceito há séculos no seu histórico abuso sexual à mulher negra e mulata, atingiram o auge da hipocrisia transferindo sua própria lascividade para elas, estampando-as com essa caracterização permanente de semiprostitutas. A esmagadora maioria das mulheres negras e mulatas do Brasil, mães ou filhas de famílias, sofre na sustentação desse estereótipo uma "agressão grosseira e injusta". Dirigida conta uma coletividade definida pela etnia, tal agressão só pode chamar-se de racismo. [...]

O que tem a ver as personagens "Maria dos Reis" ou "Rosenda Rosedá" [esse estereótipo] com as figuras respeitáveis de Iyalorixás, como Tia Massi ou Mãe Teté do Candomblé do Engenho Velho da Casa Branca? Poderia a dignidade de uma Mãe Menininha do Gantois ou de Mãe Stela do Ilê Axé Opô Afonjá ser confundida com as imagens espumejantes que Jorge Amado retrata no seu famigerado livro? E onde se situariam, nesse universo de estremunhamentos e sexo espumante, figuras da enorme dimensão humana de uma Mãe Nicinha, do Bogum, ou Dona Hilda, do Ilé Axé Ogum?

Estas e muitas outras personalidades religiosas afro-brasileiras têm sido impunemente agredidas e humilhadas nos livros de Jorge Amado, como o foram nossos antepassados nas obras de antropólogos, etnólogos, historiadores, etc., criadores de estereótipos pejorativos sobre a raça negra. [...]

"Ideologia insana", prezados Deputados, é a sempre renovada tentativa de calar os negros que não se submetem à censura e intimidação da elite eurocentrista dominante. Aqueles que se colocam frontalmente contra a injustiça e a ofensa que atingem o povo afro-brasileiro são acusados de "profissional da negritude". Entretanto, o que são aqueles que se locupletaram e se locupletam com o trabalho secular do negro na Bahia e no País? Na Assembleia que votou a moção contra este deputado, não há (que eu saiba) um único negro representante da comunidade afro-baiana. [...] É hora de perguntar: qual a legitimidade de uma Assembleia Legislativa, de um estado majoritariamente negro, onde não existe nenhum deputado afro-brasileiro representando sua comunidade? [...]

Onde estão as moções dessa Assembleia Legislativa quando, além da violência econômica e cultural, se abate sobre a comunidade negra a violência policial? Não se conhece documento condenatório, por exemplo, quando no último dia 7 de setembro policiais militares agrediram, usando até mesmo metralhadoras, a comunidade negra do bairro de Liberdade, que pacífica e ordeiramente realizava sua tradicional lavagem do Quilombo do Orumilá. Espancamentos e prisões arbitrárias dos meus irmãos Apolônio de Jesus, Lino de Almeida e Freitas foram endossados pelo silêncio dessa "legítima representante" do povo baiano. [...]

Essa Assembleia, se quisesse realmente fazer jus à criatividade e seriedade do pensamento de um baiano, consagraria com as mesmas homenagens e moções de solidariedade a figura de [...] um negro ilustre, nascido na Bahia e há pouco falecido em Los Angeles, o mestre da sociologia brasileira, Guerreiro Ramos, legítimo representante do antirracismo e fundador da sociologia descolonizada do nosso País.[29]

Tal como procedera em relação à festa de Mãe Teté da Casa Branca, o deputado tratou da questão em sua relação concreta e imediata com os fatos e acontecimentos do racismo cotidiano, trazendo ao enfoque a violência policial contra os

---

29. *Diário da Câmara dos Deputados*, 26 nov. 1983, p. 13.408; *Combate ao Racismo*, v. 2, p. 62-68. Ver também G. Rebello, Jorge Amado, Racismo em Xeque, *O Estado de S. Paulo*, 27 nov. 1983, p. 27, Acervo Ipeafro, Seção Atuação Política, Série Câmara, Dossiê: Atuação de Abdias Nascimento na Câmara dos Deputados.

jovens negros. Esse vínculo direto de seu discurso com as ações, questões e iniciativas do movimento social marcava toda sua atuação no Congresso. E o ativismo negro para ele vinha de longa data, portanto incluía a referência aos nomes de intelectuais e ativistas negros do passado com quem ele convivera e atuara, e a quem ele citava e relembrava, como exemplifica aqui a referência a Guerreiro Ramos. Ao abordar o episódio da resposta à Assembleia Legislativa da tribuna da Câmara, o deputado transcreve cartas de apoio da Assembleia Legislativa do Rio de Janeiro, do Coletivo de Mulheres Negras N'Zinga e do Memorial Zumbi[30].

Comissão do Negro

O teor da "resposta aos racistas da Bahia" dá uma ideia do tom e nível do discurso desse ativista aguerrido que agia munido de conhecimento e experiência de vida, e que no combate ao racismo não se intimidava. Essa característica emerge nos registros de suas intervenções na Câmara, quando ele faz afirmações ousadas do tipo "aqui o racismo não é uma questão utópica de discriminação racial, é uma questão de racismo institucionalizado", e quando outros parlamentares o questionam em apartes. Entre estes está o deputado Carlos Sant'Ana (PFL-BA).

O Sr. Carlos Sant'Ana – [continuando seu aparte] ...Não há racismo no Brasil. [...]
O Sr. Abdias Nascimento – V.Exa. está repetindo os mesmos chavões do racismo brasileiro, e eu tenho pouco tempo e preciso dar aqui o meu recado. [...] Quem sabe do racismo são aqueles que o sofrem, e não V.Exa., que pertence à classe dos privilegiados.
O Sr. Carlos Sant'Ana – V.Exa. está sendo indelicado com um Deputado que está sendo delicado com V.Exa. e que apenas está divergindo das suas ideias.

30. *Diário da Câmara dos Deputados*, 26 nov. 1983, p. 13.408-13.409; *Combate ao Racismo*, v. 2, p. 69-72.

O Sr. Abdias Nascimento – Acho que V.Exa. está incorrendo num profundo erro, porquanto reconheço a sua grande inteligência. Mas V.Exa. está repetindo slogans e chavões do racismo brasileiro.

O Sr. Carlos Sant'Ana – Permita-me repetir mais um: V.Exa. conduz-se aqui como um negro americano.

O Sr. Abdias Nascimento – V.Exa. aqui está como um racista da África do Sul, querendo esgotar o meu tempo e impedir que eu faça a minha denúncia, denúncia que, pela primeira vez, é feita nesta Casa.

O Sr. Carlos Sant'Ana – Vou-lhe dar seu tempo e tanto quanto V.Exa. desejar. Tenho inúmeros amigos negros.

O Sr. Abdias Nascimento – Isto não prova nada. No Brasil, a mãe-preta alimentou o branco, mas ele conserva a sua mãe-preta e os seus irmãos negros na porta de trás. Quantos negros há neste plenário?

O Sr. Carlos Sant'Ana – Por favor, ouça-me. V.Exa. precisa entender que a laborar nesta posição...

O Sr. Abdias Nascimento – V.Exa. tem de entender o direito de o negro falar a sua verdade. Nós é que sentimos o preconceito. Nós é que temos autoridade para denunciá-lo [...]

O Sr. Carlos Sant'Ana – Vou concluir e dar-lhe o seu tempo. A atitude de V.Exa. é extremamente perigosa.

O Sr. Abdias Nascimento – E a de V.Exa. também, porque está impedindo a conscientização de seus colegas sobre a grande luta de redenção da raça negra.

O Sr. Carlos Sant'Ana – Vou terminar o que eu quero dizer. Dê-me V.Exa. um minuto para concluir. Se V.Exa. fizer...

O Sr. Abdias Nascimento – Não aceito este tipo de conselho de V.Exa. Perdoe-me.

O Sr. Carlos Sant'Ana – V.Exa. é um grande democrata, é um homem extremamente capaz de diálogo. Regozijo-me com isso e desisto do aparte.

O Sr. Abdias Nascimento – Agradeço o aparte a V.Exa., que demonstrou ser um legítimo branco da Bahia.[31]

Durante o pronunciamento de 14 de maio de 1983, Abdias Nascimento denunciava a abolição da escravatura no Brasil como uma "mentira cívica"[32]. O deputado Raimundo Asfora (PMDB-PB) o aparteou "com um arrepio de espanto":

---

31. *Diário da Câmara dos Deputados*, 28 maio 1983, p. 4.205-4.206; *Combate ao Racismo*, v. 1, p. 75-77.

32. Os próximos trechos são extraídos do *Diário da Câmara dos Deputados*, 14 maio 1983, p. 3.297-3.298; *Combate ao Racismo*, v. 1, p. 12-16.

lamento que ainda haja indisfarçável marginalização do negro no Brasil. Mas temo, Sr. Deputado, que V.Exa., que andou pelos Estados Unidos e pela Europa, esteja, talvez inconscientemente, pregando uma espécie de racismo negro neste País. Não me tome como alguém que esteja fazendo o jogo das minorias dominantes. Eu estou longe delas. Mas não poderia deixar de expressar a V.Exa. meu receio de que sua pregação venha diluir tudo que já é uma conquista nossa, como a miscigenação racial e o aculturamento, esses patamares atingidos por estarem colocados nos trópicos uma raça nova, sem as discriminações viscerais que V.Exa. levanta desta alta tribuna.

Abdias Nascimento responde afirmando: "No decorrer deste meu pronunciamento, vou ter oportunidade de mostrar-lhe que o que V.Exa. evoca como uma prova de harmonia racial é exatamente a prova do crime perfeito que o Brasil quer praticar contra as populações negras." Raimundo Asfora responde invocando a "raça brasileira", se dizendo neto de árabes e bisneto de africano e reafirmando "o meu receio, o meu melindre". Abdias Nascimento então lhe pergunta "O que é mais perigoso: a hipótese que V.Exa. está levantando de um perigo remoto, ou o perigo que já está, ou o crime que está sendo praticado por cinco séculos contra o negro?".

Raimundo Asfora recorre à tese da discriminação de classe: "V.Exa. pinta a tragédia das massas trabalhadoras brasileiras, mas não pode fazer com o pincel tão maravilhoso da sua inteligência uma moldura africana. V.Exa. defende tese que sofre o ônus da população trabalhadora do Brasil". Ao que Abdias Nascimento responde:

a nossa luta de negros não está desvinculada, de maneira alguma, de todas as reivindicações dos oprimidos deste País. Nós construímos este País e não abrimos mão dele. Isto não quer dizer que não tenhamos os nossos problemas específicos, porque nenhum outro pobre de qualquer outra raça, nem os nossos irmãos palestinos, judeus ou asiáticos, nenhum deles foi escravo por 400 anos aqui no Brasil – somente nós.

Em seguida, a transcrição registra aparte de outro deputado, Gerson Peres (PDS-PA):

O Sr. Gerson Peres – Ouço, com respeito, V.Exa., mas, permita-me, prof. Abdias, não posso aceitar a tese de V.Exa. [...] Feliz um país como o nosso...

O Sr. Abdias Nascimento – Para os brancos.

O Sr. Gerson Peres – ...que pode ter um negro, hoje, nesta tarde, no Parlamento brasileiro, falando o que quer, defendendo o seu pensamento, as suas teses e os seus princípios.

O Sr. Abdias Nascimento – Não é nenhum favor, não é nenhuma benevolência. É um direito conquistado pela luta negra. Pela vontade das estruturas dominantes nós nunca estaríamos aqui.

Mostrando que uma representação proporcional à população negra somaria 250 a 300 deputados negros, Abdias Nascimento conclui: "aqui estou apenas eu, enfrentando esta intolerância [...] do racismo brasileiro, de mostrar uma face de benevolência e cordialidade para esconder o punhal que está sempre cravado nas costas do negro, na garganta do negro, no coração do negro"[33].

Quase dois anos depois, durante pronunciamento dedicado ao Dia Internacional de Eliminação da Discriminação Racial, 21 de março de 1985, o deputado Gerson Peres (PDS-PA) interpela novamente Abdias Nascimento:

V.Exa. violenta uma das maiores tradições aqui existentes, pois o que aqui existe, Deputado, são preconceitos sociais, provenientes, talvez, do sistema capitalista vigente. Mas não há discriminação racial. Aqui, o preto, o negro é tão nobre e tão digno que o povo brasileiro o traz para a tribuna do Congresso.[34]

Ao que Abdias Nascimento responde:

Em primeiro lugar, [...] V.Exa. vê o racismo como consequência do capitalismo. V.Exa. desconhece o assunto. O [acúmulo do capital que permitiu à Europa desenvolver o capitalismo industrial] é o resultado do racismo e da exploração escravagista. Em segundo lugar, desejaria dizer-lhe que, ao afirmar que não há

33. *Diário da Câmara dos Deputados*, 14 maio 1983, p. 3.298; *Combate ao Racismo*, v. 1, p. 16.
34. *Diário da Câmara dos Deputados*, 22 mar. 1985, p. 1.581; *Combate ao Racismo*, v. 5, p. 10.

racismo no Brasil por existir um Deputado negro no Congresso Nacional, V.Exa. está exatamente provando que ele existe. A maioria do povo brasileiro é de origem africana, e só um Deputado negro vem aqui falar a respeito do seu povo. Este é o exemplo mais clamoroso de racismo. Acabo de receber um convite de 30 Deputados que formam o bloco negro no Congresso americano, no sentido de lá comparecer em setembro. Há 30 deputados negros nos Estados Unidos, num país onde o negro representa 15% da população. No nosso País, somos mais de 70%, e há somente um Deputado negro neste Parlamento. V.Exa., no seu aparte, apresenta a minha pessoa como testemunho da ausência de racismo no nosso País. Com isso, V.Exa. está confirmando a tese de que no Brasil o racismo é mais evidente do que nos Estados Unidos e na África do Sul, onde, hoje, muitos negros morreram na celebração do Dia Internacional contra o Racismo.

Diante da insistência de Gerson Peres em continuar se pronunciando sobre preconceito e discriminação, o registro taquigráfico continua:

O Sr. Abdias Nascimento – O meu tempo se esgota e nem comecei a expor minha tese a respeito da Constituinte e o negro.

O Sr. Presidente (Leur Lomanto) – Consulto ao nobre orador se concedeu o aparte ao nobre Deputado Gerson Peres.

O Sr. Gerson Peres – S. Exa. mo concedeu, porque é um democrata. Vou ser breve. [...] Em terceiro lugar, para terminar, Sr. Deputado, lembro que V.Exa. se engrandece nessa tribuna quando condena o racismo na África do Sul...

O Sr. Abdias Nascimento – E aqui no Brasil também.

O Sr. Gerson Peres – ...e na América do Norte, V.Exa. injuria a Pátria quando diz que existe racismo no Brasil. [...]

O Sr. Abdias Nascimento – Quero responder a V.Exa., dizendo que o nobre Deputado injuria mais de 70 milhões de afro-brasileiros. (Palmas.)[35]

O deputado Jorge Carone (PMDB-MG) relata em aparte que, como prefeito de Belo Horizonte, ele foi obrigado a exonerar três mil servidores nomeados ilegalmente pela administração anterior. Ao fazê-lo, ele não exonerou

35. *Diário da Câmara dos Deputados*, 22 mar. 1985, p. 1.582; *Combate ao Racismo*, v. 5, p. 12-13.

negros, viúvas ou arrimos de família. Conclui afirmando que "pobre não vota em pobre, negro não vota em negro". Ao que Abdias Nascimento replica:

V.Exa. tem razão, porque o negro tem sofrido uma lavagem cerebral por mais de 500 anos. Ele é obrigado a se tornar cada vez mais branco para ter a oportunidade de sobrevivência ou de ascensão nesta sociedade racista. Agora, gostaria de dizer a V.Exa. que espero que muito breve haja um prefeito negro em Belo Horizonte e em todas as grandes cidades deste País, assim como governadores de Estados [...] Agradeço o seu aparte.[36]

Exemplo representativo é o seguinte aparte do deputado Nelson do Carmo (PTB-SP):

O Sr. Nelson do Carmo – [...] Quero dizer a V.Exa. que o negro tem os seus expoentes em várias áreas de ação. Temos o negro Pelé, o João do Pulo. Será que V.Exa. não está levantando um problema que no País não existe: Temos aqui, inclusive, grandes expoentes negros, como V.Exa.

O Sr. Abdias Nascimento – Agradeço V.Exa. o aparte, mas devo informar que essas exceções apontadas por V.Exa. apenas confirmam a regra.[37]

Em seus discursos, Abdias Nascimento abordava a discriminação racial e a história do negro no Brasil com base em fatos e análises bem fundamentadas, em nítido contraste com o teor dos apartes, calcados na evocação de clichês e frases de efeito que a força ideológica da "democracia racial" imbuía de um poder de convencimento exagerado.

Ciente da força dessa ideologia no sentido de impedir o conhecimento do verdadeiro quadro de discriminação e desigualdades raciais no Brasil, Abdias Nascimento assumiu o mandato parlamentar como uma missão quase pedagógica, apresentando a seus colegas e ao público informações

---

36. O diálogo está registrado no *Diário da Câmara dos Deputados*, 28 maio 1983, p. 4.206; *Combate ao Racismo*, v. 1, p. 78.
37. *Diário da Câmara dos Deputados*, 15 mar. 1984, p. 0354;*Combate ao Racismo*, v. 3, p. 43-44.

que fundamentavam um melhor conhecimento da real situação vivida pela população majoritária negra referida como "minoria". Em seus discursos e nos textos de seus projetos de lei, esse era um enfoque principal. Ao assumir a cadeira no parlamento, sua primeira proposta foi o Projeto de Resolução n. 58, de 1983, submetida à mesa da Câmara dos Deputados no dia 13 de maio daquele ano no intuito de criar a Comissão do Negro naquela casa, com o mesmo propósito de levantar informações e dados sobre a discriminação racial e com vistas à proposição de medidas e políticas de reparação para a população discriminada. A comissão temporária teria prazo até 13 de maio de 1988, data do centenário da abolição da escravatura, para

fazer um levantamento da realidade existencial da comunidade afro--brasileira de 13 de maio de 1888 e 13 de maio de 1988. Isto é, o propósito é o de verificar até que ponto a chamada abolição da escravatura realizou a libertação do escravo, até onde ele se tornou um cidadão desfrutando igualdade de condições na moradia, no emprego, na ascensão social, na educação, na saúde, na segurança, na participação de renda, nas oportunidades criativas, e assim por diante[38].

A comissão teria poderes para

receber e investigar denúncias de atentados aos direitos humanos e civis dos brasileiros de ascendência africana. Compete-lhe, ainda, e em colaboração com as demais Comissões da Câmara dos Deputados e com as organizações da comunidade afro-brasileira, propor medidas legislativas atinentes ao resgate da história, respeito à identidade étnica e cultural; interesses da educação, treinamento profissional, emprego, segurança, moradia e saúde das populações negras no Brasil[39].

Apresentada em 13 de maio de 1983, a proposta teve uma tramitação excepcionalmente rápida na Comissão de Constituição e Justiça (CCJ), que levou apenas um mês para julgá-la inconstitucional por ferir o preceito da igualdade

38. *Combate ao Racismo*, v. 3, p. 6-7.
39. Ididem, v. 1, p. 23.

perante a lei ao constituir-se numa "discriminação positiva"[40] e uma "dupla discriminação" negativa contra os brasileiros de outras raças e contra os africanos radicados no Brasil. Abdias Nascimento não se surpreendeu, mas registrou sua indignação diante de tamanha injustiça:

quando aqui apresentei o pedido da constituição de uma Comissão do Negro, exatamente para que a Casa tivesse seus próprios dados concretos dessa situação dramática vivida pela comunidade negra, este projeto foi imediatamente fulminado por um relator da Comissão de Constituição e Justiça, porque realmente não se quer conhecer essa realidade. Grande parte dos meus colegas não quer conhecer o que realmente o negro sofre. Querem viver na ilusão da "democracia racial". Querem perpetuar essa falsa imagem de um Brasil igualitário, de um Brasil paraíso de raças[41].

Entretanto, o deputado não desistiu. Manteve intensa atividade junto a seus colegas de partido, aliados, simpatizantes e interlocutores da sociedade civil, buscando construir uma conjuntura para reapresentar a proposta em condições políticas mais favoráveis. Após um ano, em 23 de maio de 1984 Abdias Nascimento reapresentou a proposta como Projeto de Resolução n. 172/1984, despachado no próximo dia 4 de junho diretamente à Mesa Diretora, que indicou como relator o primeiro vice-presidente da Câmara, deputado Paulino Cícero (PDS-MG), o próprio autor do parecer contrário aprovado pela Comissão. Desta vez, após a interlocução e o convencimento do deputado Abdias Nascimento no sentido de ele conhecer melhor a matéria, seu parecer foi favorável. A Mesa Diretora aprovou o parecer favorável por unanimidade em 28 de novembro de 1984. A primeira discussão no plenário foi adiada diversas vezes entre 14 de março e 19 de setembro de 1984, quando foi aprovado requerimento do deputado Nilson

---

40. [A]quela que somente exalte ou dedique atenção excepcional a uma raça". Parecer do relator Paulino Cícero aprovado por unanimidade pela Comissão de Constituição e Justiça sobre Projeto de Resolução n. 58-A, de 1983, em 14 jun. 1983; *Combate ao Racismo*, v. 1, p. 28-29.
41. *Combate ao Racismo*, v. 2, p. 53.

Gibson no sentido de eliminar o parágrafo que definia o término do prazo de vigência da Comissão no centenário da abolição. Despachou-se o projeto ao plenário para segunda discussão, adiada em diversas datas por falta de quórum. Finalmente, após dois anos e meio o projeto foi arquivado em 23 de março de 1987.

Esta é a tramitação registrada oficialmente nos anais da Câmara[42]. Na prática, a proposta sofreu trajetória definida nos bastidores e acordos de lideranças. O PMDB e o presidente Ulysses Guimarães[43] desempenharam papel principal na sua rejeição dissimulada e não declarada. Espelho fiel da natureza sutil e ardilosa do racismo brasileiro, o registro oficial estampa a aprovação do parecer e um processo aparentemente democrático que termina no arquivamento, quando, de acordo com o Deputado Abdias Nascimento, a proposta da Comissão do Negro

sofreu da Mesa de 1985 toda sorte de atropelos, inclusive em seu objetivo básico de promover um levantamento dos resultados de um século da chamada abolição da escravatura. Desfigurada devido a injunções ditas regimentais, a Comissão do Negro não conseguiu se instalar, fato que testemunha mais uma vez o desinteresse e o desdém das classes dominantes pelos interesses e reivindicações dos brasileiros de ascendência africana[44].

A reapresentação do projeto propiciou, entretanto, uma oportunidade de apreciação e discussão a partir do parecer favorável. Esse resultado foi surpreendente em si, sendo o relator um deputado do Partido Democrático Social (PDS), que representava setores políticos de direita. Abdias Nascimento fez questão de publicar na íntegra o texto do parecer

---

42. Disponível em: <http://www.camara.gov.br/proposicoesWeb/>.
43. Abdias Nascimento afirma: "a instalação e o funcionamento da Comissão dependiam de decisão do deputado Ulysses Guimarães, Presidente da Câmara, que, não obstante a insistência do autor do projeto, acabou se omitindo". A. Nascimento; E.L. Nascimento, O Negro e o Congresso Brasileiro, em K. Munanga (org.), *História do Negro no Brasil*, v. 1, p. 140.
44. *Combate ao Racismo*, v. 6, p. 6.

a fim de sublinhar a natureza histórica deste documento, mesmo sem estarmos completamente de acordo com algumas de suas afirmações. As discordâncias servem para, democraticamente, realçarmos a contribuição que o deputado Paulino Cícero, e a própria Mesa da Câmara, trazem à discussão do problema do racismo pelo Congresso Nacional[45].

O parecer merecia essa consideração por evidenciar o quanto o trabalho de convencimento e o conhecimento da questão contribuem para a formação da opinião sobre o assunto, mesmo entre pessoas oriundas da elite dirigente de direita. Em radical oposição às intervenções dos deputados cujos apartes antes citamos, o primeiro vice-presidente Paulino Cícero chegou à sua conclusão favorável porque, instigado pela firmeza da convicção e pelos argumentos do colega Abdias Nascimento, ele se dedicou a estudar a questão. O resultado foi um texto de 45 páginas[46] em que aborda diversos aspectos contextualizados historicamente, sustentando suas afirmações com citações e referências a pesquisas acadêmicas. Ele trata as razões e condições históricas da abolição da escravatura; a população de negros livres antes de 1888; a resistência negra nos quilombos; a negação do voto ao analfabeto e suas razões históricas; a figura penal da vadiagem ainda vigente em 1984; a ineficácia da Lei Afonso Arinos; a discriminação contra o negro na cultura, na educação e no mercado de trabalho; os movimentos negros. No seu voto, ele afirma:

O Brasil atravessa uma fase de transição histórica da maior importância, na qual é necessário que, corrigindo injustiça social histórica, se estabeleça um mínimo de condições para elevação do negro na sociedade brasileira.
Já faz parte dos programas de alguns partidos políticos a intenção de romper o círculo vicioso criado pela situação de pobreza, marginalidade e imobilização social que afeta a grande maioria dos negros brasileiros, concedendo-se-lhes o que, por direito, lhes é devido. [...]

45. Ididem, v. 4, p. 6.
46. Ibidem, p. 45-94, P. Cícero, Relatório Sobre Projeto de Resolução n. 172/1984.

A matéria em exame possibilitará aos parlamentares se informarem das condições de destituídos e discriminados que afetam a maioria afro-brasileira de nossa população, tema que merece atenção especial do Poder Legislativo.

Pleiteia-se o conhecimento, utilizando-se os instrumentos de que dispõe esta Casa, de uma situação de injustiça minuciosamente comprovada até pelas estatísticas oficiais, pelas quais vários Deputados e Senadores reconhecem a existência de tais desigualdades raciais e discriminações contra o negro. E quem reconhece a existência do problema admite a necessidade de sua solução.[47]

Quem era esse relator? O deputado Paulino Cícero se elegera prefeito de São Domingos do Prata, interior de Minas Gerais, em 1959. Ligado aos governadores José de Magalhães Pinto, Israel Pinheiro, Francelino Pereira e Tancredo Neves, ele fora deputado estadual pelo PSD (1963-1967) e Arena (1967-1971), integrara o Diretório Nacional da Arena e foi secretário de educação de Minas Gerais (1979-1981). Mais tarde ele seria presidente da Usiminas (1988) e ministro de Minas e Energia (1992-1993). Ele era, portanto, um integrante da elite dominante. Mas suas observações não se limitam à repetição de lugares comuns sobre a suposta harmonia e "democracia" racial no Brasil colonial e moderno. Ao contrário, ele registra o largo alcance do arraigado preconceito e o fato da discriminação racial em todas as áreas que estudou. Apenas um exemplo, entre muitos, temos no seguinte trecho sobre o mercado de trabalho:

O excedente de mão de obra permite aos empregadores efetuar um recrutamento profissional na base de critérios nem sempre inerentes à qualificação profissional. A cor é um desses critérios, normalmente metamorfoseado na exigência de "boa aparência", eufemismo que, nos classificados, mascara a mais óbvia discriminação racial.

Os empregos que implicam contato com o público são, em geral, vinculados à exigência de uma foto recente. Inexistem negros, por exemplo, nos balcões das companhias de aviação, e, dificilmente, um negro progride na escala hierárquica de qualquer empresa.

47. Ibidem, p. 93-94.

Refletindo essa realidade do mercado, as agências de publicidade reproduzem inabalavelmente os preconceitos daqueles que as controlam, cristalizando ainda mais a rígida estrutura social vigente. O consumidor negro não figura nem na publicidade que é dirigida à faixa econômica a que ele pertence.[48]

Autor da Lei 5984/73, que declarou Aleijadinho Patrono da Arte no Brasil[49], Paulino Cícero havia cursado o doutorado em direito (incompleto) e participava de atividades internacionais como o Parlamento Latino-Americano e Parlamento Europeu[50]. Esses fatos indicam, talvez, uma perspectiva humanista que o dotasse de uma sensibilidade para a questão racial, excepcional para uma pessoa de sua posição na sociedade brasileira. Mas outros poucos humanistas excepcionais oriundos da classe dirigente exibiam semelhante sensibilidade. O que emerge desse texto é o poder de convencimento do conhecimento dos fatos. Ciente disso, o deputado Abdias Nascimento se empenhava em apresentar, em plenário, informações sobre o racismo brasileiro – numa linguagem direta e afirmativa, pois ele não tergiversava em tom ou conteúdo à procura de uma aceitação mais fácil das ideias externadas – como uma estratégia calcada na sua larga experiência anterior como ativista negro, trabalhando durante décadas com diversos aliados.

A Comissão do Negro não foi instalada, mas a apresentação e tramitação desse projeto representaram, sem dúvida, a primeira vez na história do parlamento brasileiro em que houve uma consideração aprofundada dessa questão; antes, o que havia eram pronunciamentos de praxe no dia 13 de maio e algumas referências pontuais a situações específicas[51].

---

48. Ibidem, p. 76.
49. Site oficial da Câmara dos Deputados; disponível em: <http://www.camara.gov.br/sileg/>.
50. Site oficial da Câmara dos Deputados; disponível em: <http://www2.camara.leg.br/deputados/>.
51. M.F. Sousa analisou os discursos sobre o tema nas décadas de 1960, 70 e 80 e chegou à conclusão de "uma ruptura com a percepção harmônica ▶

Políticas Afirmativas;
Memorial ao Escravo Desconhecido

Após apresentar a proposta da Comissão do Negro em 13 de maio de 1983, Abdias Nascimento manteve intensa atuação no próximo mês, submetendo à apreciação da Câmara ao menos um projeto de lei por semana. Em 7 de junho foi a vez de seu projeto de "ação compensatória visando à implementação do princípio da isonomia social do negro, em relação aos demais segmentos étnicos da população brasileira, conforme direito assegurado pelo art. 153, § 1º da Constituição da República"[52]. Esse projeto versa sobre a responsabilidade do Estado Brasileiro de adotar medidas concretas para assegurar o direito "nos setores de oportunidade de trabalho, remuneração, educação e tratamento policial, entre outros" (Artigo 1º). Entre os mecanismos propostos estão a reserva de 20% de vagas para mulheres negras e 20% para homens negros na seleção de candidatos ao serviço público e no setor privado; bolsas para os estudos de crianças, adolescentes e jovens negros; incorporação ao sistema de ensino e à literatura didática da imagem positiva da família afro-brasileira, bem como a história das civilizações africanas e do africano no Brasil. O projeto cria mecanismos em que as repartições e empresas são obrigadas a prestar contas de suas iniciativas mediante relatórios periódicos, fiscalização pelo Ministério do Trabalho e criação de um fundo para desenvolver programas de estudo, ensino e aperfeiçoamento técnico das medidas de ação compensatória. O projeto cria, ainda, um incentivo fiscal para empresas que "comprovem incremento significativo de equilíbrio, na sua força de trabalho, entre a proporção de negros

▷ das relações raciais nos anos 80, especialmente na 47ª Legislatura, da qual participou Abdias do Nascimento (PDT-RJ, 47ª Legislatura), e também uma ruptura no que se refere à inexistência, anteriormente, de uma agenda negra na Casa" (*As Relações Raciais na Câmara dos Deputados*, p. 161).
52. PL 1.332/1983.

nos empregos melhor remunerados e aquela nos empregos de baixa renda".

Ao definir o recorte da reserva de vagas por raça e gênero, prevendo metas de 20% para mulheres negras e 20% para homens negros, Abdias Nascimento inovou de forma consistente com seu discurso e atuação política: sempre atento às questões e necessidades específicas da mulher negra. Ao prever medidas para o ensino e o mercado de trabalho, setor público e privado, o projeto refletia o entendimento de que a discriminação racial permeava a sociedade em toda a sua extensão e merecia políticas diversas e abrangentes.

A escolha do termo "ação compensatória" tinha implicações oriundas da experiência do parlamentar como ativista antirracista. Desde os anos 1940, ao defender a necessidade de medidas específicas de inclusão do negro, ele vinha sendo acusado de querer importar à Nação brasileira o "problema dos outros" no exterior (Estados Unidos e África do Sul). Diante do conjunto de medidas elaboradas na Convenção Nacional do Negro (1945) e apresentadas ao senador Hamilton Nogueira, que as apresentou à Assembleia Constituinte de 1946 como proposta de emenda[53], os parlamentares entenderam que faltavam evidências da existência no Brasil da discriminação racial. Para eles, esse não era um problema brasileiro.

Tal entendimento ainda prevalecia no imaginário social e político brasileiro de 1983. A noção de medidas afirmativas para combater o racismo era vista como tentativa de importar, além do problema, a solução também. Entretanto, a solicitação de medidas constitucionais em 1946 antecedeu por oito anos a decisão da Suprema Corte dos Estados Unidos no caso *Brown vs. Board of Education*, de 1954, que lá deflagrou o movimento dos Direitos Civis. Sete anos passariam, ainda, antes que o presidente

---

53. *Anais da Assembleia Constituinte*, v. 3, fev. 1946, 25ª sessão, em 14 mar. 1946, p. 409-414.

John F. Kennedy assinasse a primeira medida de ação afirmativa nos Estados Unidos (Ordem Executiva n. 10.925) em 6 de março de 1961.

Ao optar por denominar seu projeto de "ação compensatória" e não de "ação afirmativa", o deputado Abdias Nascimento realçava a origem brasileira da ideia de medidas positivas para a eliminação da discriminação racial no Brasil, uma vez que a proposta surgira no seio do movimento negro brasileiro ainda na primeira metade do século xx. A alegação de que se copiava uma iniciativa norte-americana não se sustentava, portanto, nos fatos históricos.

Em retrospectiva, emerge outra implicação da escolha do termo "ação compensatória". Na época, o multiculturalismo e a diversidade eram conceitos novos e incipientes; não estavam na mesa das discussões como princípios capazes de orientar políticas públicas. A ideia da ação positiva era garantir à população historicamente discriminada uma melhor inserção na sociedade, compensando pela desvantagem competitiva derivada da discriminação. Com o tempo, a diversidade se estabeleceu como valor em si e como meta a ser atingida por meio das medidas positivas. Em decisões judiciais como a da Suprema Corte dos Estados Unidos no caso da Universidade de Michigan (2003), a dimensão compensatória das políticas de ação afirmativa cedeu ao princípio da diversidade o lugar de principal objetivo e justificativa dessas políticas. A ideia seria "esquecer" o passado e criar um novo padrão de convivência de pessoas de diversas origens na escola, no bairro e no local de trabalho. Por mais que esse resultado fosse implícito, a diversidade não era explicitada, em si, como objetivo principal nas propostas brasileiras. Mas o PL 1.332/83, de Abdias Nascimento, previa no seu artigo 8º a inclusão obrigatória do ensino da história e cultura de matriz africana nos currículos escolares e acadêmicos, em todos os níveis, assim incorporando o princípio da diversidade e visando criar as bases para transformar o imaginário social brasileiro.

A proposta do ensino da matriz africana e das relações étnico-raciais constitui, potencialmente, a mais transformadora no elenco de ações propostas no PL 1.332/83, porque os seus efeitos incidiriam sobre a população como um todo, já que as relações sociais na escola espelham as da sociedade e afetam alunos, educadores e servidores. Desenvolver possibilidades de intervenção no ensino no intuito de realizar esse potencial transformador constitui um desafio enorme e demanda dedicação, compromisso, sensibilidade e competência. Não raro, os educadores comprometidos com o esforço de implantação da política de ensino das relações étnico-raciais e da história e cultura de matriz africana são ativistas do movimento negro que podem ou não gozar da compreensão, solidariedade e colaboração dos colegas. Também não é raro o processo de estigmatizar o educador ativista como "aquela professorinha complexada" ou "aquele sujeito encrenqueiro".

No Artigo 8º do PL 1.332/83, o deputado Abdias Nascimento propôs que os gestores do sistema de ensino federal, estadual e municipal trabalhassem "conjuntamente com representantes das entidades negras e com intelectuais negros comprovadamente engajados no estudo da matéria" para efetuar modificações nos currículos escolares e acadêmicos. O esforço do movimento social no sentido de potencializar essa transformação se realizava desde antes de 1983, e o deputado Abdias Nascimento dele participava, criando com esse objetivo o Instituto de Pesquisas e Estudos Afro-Brasileiros (Ipeafro), que ele presidia durante sua candidatura e mandato. Vinte anos mais tarde, seria promulgada a Lei 10.639/2003, tornando obrigatório o ensino da história e cultura de matriz africana. Ao escrevemos estas linhas, a implantação dessa política continua problemática, objeto de interpelações judiciais e questionamentos sobre a eficácia das iniciativas realizadas por gestores do ensino em todo o país.

Um ano depois de elaborar o projeto de ação compensatória, o deputado Abdias Nascimento apresentou o

PL 3.196/84[54], que dispõe sobre a reserva de 40% das vagas do Instituto Rio Branco, escola de formação de diplomatas ligada ao Ministério das Relações Exteriores (Itamaraty). A reserva se constituía de 20% para mulheres negras e 20% para homens negros. Esse projeto atendia a um caso notório de racismo sistemático denunciado desde a Constituinte de 1946, quando o Senador Hamilton Nogueira o citou ao justificar sua emenda baseada no Manifesto da Convenção Nacional do Negro; o deputado Afonso Arinos também o citou ao apresentar seu projeto de lei em 1950[55]. Entretanto, o PL 3.196/84 de Abdias Nascimento recebeu parecer de inconstitucionalidade na CCJ e foi arquivado pela Mesa Diretora em 02 de maio de 1985[56]. A discriminação racial no acesso ao Itamaraty continuou sem resposta dos poderes competentes até 2002, quando foi criado um programa de bolsas no Instituto Rio Branco para alunos negros.

Quanto ao PL 1.332/83, de ação compensatória, este recebeu parecer favorável das três comissões que o analisaram. Aprovado na CCJ e nas comissões de Finanças e de Trabalho e Legislação Social, o projeto seguiu para o plenário, registrado em 20 de março de 1986 como "Pronto para a Ordem do Dia". Da mesma forma que aconteceu com o projeto da Comissão do Negro, o PL 1.332/83 teve sua votação adiada em diversas ocasiões, por falta de quórum, e nunca foi apreciado em plenário, sendo arquivado em 5 de abril de 1989[57].

A atuação de Abdias Nascimento como parlamentar advogando as políticas afirmativas não se esgotou com a

---

54. *Combate ao Racismo*, v. 3, p. 91-92.
55. Tendo atuado como professor no Instituto Rio Branco, Arinos testemunhava pessoalmente "as dificuldades que se antepunham aos negros brasileiros para terem aberta diante de si a carreira diplomática". Sessão em 25 ago. 1950, em A. Arinos Filho (org.), *Afonso Arinos no Congresso*, p. 144.
56. Site oficial da Câmara dos Deputados; disponível em: <http://www.camara.gov.br/proposicoesWeb/>.
57. Ibidem, <http://www.camara.gov.br/proposicoesWeb/>.

apresentação de projetos de lei. Como presidente da Secretaria do Movimento Negro do PDT, e junto com outras lideranças, ele propunha e acompanhava ações do governador Leonel Brizola, no Rio de Janeiro, entre as quais a inclusão do dia 21 de março, Dia Internacional pela Eliminação da Discriminação Racial, no calendário oficial do Estado[58]. Articulou junto à titular da então Secretaria de Educação e Cultura da Prefeitura do Município do Rio de Janeiro, professora Maria Yedda Linhares, e ao diretor do Departamento Geral de Cultura daquela secretaria, professor Afonso Marques dos Santos, a criação do Projeto Zumbi dos Palmares para desenvolver a abordagem da cultura e história de matriz africana nas escolas[59]. Uma de suas primeiras iniciativas foi um programa pedagógico em torno do dia 21 de março[60].

Outra proposta que o deputado encaminhou junto à Prefeitura do Rio de Janeiro foi a criação do Museu do Negro, proposta antiga do Teatro Experimental do Negro, que desde 1950 tentou realizá-la sem, entretanto, dispor dos necessários recursos materiais e financeiros[61]. No dia 21 de março, quando o governador Brizola assinou o decreto, Abdias Nascimento pediu e o governador lhe entregou a caneta em doação ao futuro museu[62]. Junto à prefeitura,

---

58. Decreto n. 6.627, de 21 mar. 1983, do governo do Rio de Janeiro.

59. Em seu discurso de 21 mar. 1985, Abdias Nascimento homenageou "as duas mulheres responsáveis pela implantação desse projeto pioneiro: a professora Maria José Lopes da Silva, atual coordenadora [...] e a historiadora Lana Lage da Gama Lima, coordenadora inicial do projeto, cuja visão e competência possibilitaram sua implantação". *Diário da Câmara dos Deputados*, 22 mar. 1985, p. 1.582; *Combate ao Racismo*, v. 5, p. 17-18.

60. Proposta do Projeto Zumbi dos Palmares, Documento n. 3, transcrito como parte do mesmo pronunciamento. Ibidem, p. 23-25.

61. Instalado o Museu do Negro, *Quilombo*, n. 5, jan. 1950, p. 11; em A. Nascimento, *Quilombo: Edição em Fac-Símile do Jornal Dirigido por Abdias Nascimento*, p. 69.

62. Governador oficializa Dia Contra Discriminação Racial, *O Globo*, 22 mar. 1983. Documento do Acervo Ipeafro, Seção Atuação Política de Abdias Nascimento, Série PTB-PDT, Dossiê: Dia 21 de março, Dia Internacional pela Eliminação da Discriminação Racial.

o deputado Abdias Nascimento encaminhou a proposta do Museu em duas ocasiões diferentes: primeiro junto ao Instituto Municipal de Arte e Cultura RioArte e depois junto à Secretaria de Cultura. O presidente do RioArte, poeta Gerardo Mello Mourão, mais tarde nomeado secretário de Cultura após o desmembramento da antiga Secretaria de Educação e Cultura, encaminhou a proposta nas duas ocasiões, mas a deficiência orçamentária impediu sua efetivação. Somente mais tarde, com a insistência do próprio Abdias Nascimento, do movimento negro do PDT, de ativistas negros e da sociedade civil, foi criado um Centro de Referência da Cultura Negra, instalado numa antiga escola desativada localizada na Gamboa, cujo prédio foi restaurado e inaugurado como Centro Cultural José Bonifácio em 1994.

Merece registro, ainda, a proposta encaminhada ao PDT em convenção estadual realizada em Nova Iguaçu, referente à criação de uma secretaria de governo – órgão executivo em primeiro escalão – dedicada à formulação e implantação de políticas afirmativas de combate ao racismo e promoção da igualdade racial. Esse projeto, articulado por Abdias Nascimento e encaminhado pela Secretaria do Movimento Negro do PDT em 1982[63], foi a semente, quase uma década depois, da Secretaria de Defesa e Promoção das Populações Negras do Governo do Estado do Rio de Janeiro, criada pelo governador Leonel Brizola ao assumir seu segundo mandato em 1991.

No dia seguinte à apresentação do projeto da ação compensatória, o deputado propôs erigir, na Praça dos Três Poderes, o Memorial ao Escravo Desconhecido (PL 1.361/83). No espaço simbólico do poder nacional, seria incorporada a figura do africano escravizado como "elemento básico de edificação da nacionalidade; força de

---

63. Proposta: Criação da Secretaria de Integração Social, Comissão de Contribuições ao Programa do Primeiro Governo do PDT, 1º Congresso Estadual do Partido Democrático Trabalhista (PDT), Nova Iguaçu, 11-12 dez. 1982. Documento do Acervo Ipeafro, Seção Atuação Política de Abdias Nascimento, Série PTB-PDT, Dossiê: Movimento Negro do PDT.

trabalho e força de espírito forjadora de nossas estruturas socioeconômicas e culturais, forças estas que imprimiram a especificidade do caráter nacional". O memorial simbolizaria a epopeia de construção do Brasil, "no esforço anônimo de milhares e milhares de africanos, durante vários séculos, através de sucessivas gerações", e atenderia à população negra que se encontrava "em todos os rincões do território nacional, lutando pelo resgate de sua história, de sua identidade, de sua dignidade humana, de suas liberdades fundamentais e de seus valores de origem africana". Aprovado por unanimidade na CCJ e na Comissão de Finanças, o projeto recebeu parecer contrário da Comissão de Educação e Cultura após dois anos de tramitação. Foi arquivado sem votação em plenário[64].

Crime de Racismo

Atendendo ao clamor da sociedade civil sobre a ineficácia da Lei Afonso Arinos[65], que definia como contravenção penal alguns casos de discriminação racial, Abdias Nascimento apresentou logo em seguida o Projeto de Lei n. 1.661/83[66], em que propôs definir o racismo como crime de lesa-humanidade. O projeto trazia inovações jurídicas importantes para sua efetivação em juízo. Primeiro, o deputado evitou estruturar o dispositivo com base em listagem dos incidentes que constituiriam discriminação, tal como se constroem os textos tanto da Lei Afonso Arinos como também da legislação posterior chamada Lei Caó[67]. Abdias Nascimento entendia que, por mais extensa que fosse tal listagem de incidentes[68], o legislador

64. Site oficial da Câmara dos Deputados; disponível em: <http://www.camara.gov.br/proposicoesWeb/>.
65. Lei n. 1.390, de 3 jul. 1951.
66. Apresentado em 30 jun. 1983.
67. Lei n. 7.437, de 20 dez. 1985; Lei n. 7.716, de 5 jan. 1989.
68. A Lei Afonso Arinos e a Lei Caó definem e punem atos resultantes de "preconceito de raça, de cor, de sexo ou de estado civil", listando os ▶

não seria capaz de incluir nela todos os possíveis casos e formas de discriminação. Em vez de especificar os atos discriminatórios, o PL 1.661/83 reza no seu primeiro artigo:

§ 1º Compreende-se por "discriminar em razão de cor, raça ou etnia" a prática de quaisquer atos ou omissões que, de maneira explícita, dissimulada ou empírica, dispensem tratamento diferenciado, ofendendo-as ou causando-lhes prejuízos materiais ou morais, a pessoas pertencentes a grupos humanos historicamente sujeitos à identificação segundo critérios raciais, étnicos ou de cor epidérmica.

Dessa forma, ele elimina a figura do "preconceito de raça ou de cor", estruturante tanto da Lei Afonso Arinos como da posterior Lei Caó, pois a primeira define como contravenção penal atos cometidos "por preconceito de raça ou de cor"; a segunda define como crimes atos "resultantes de preconceito de raça ou de cor". Em ambos os dispositivos, para provar o cometimento do delito é necessário provar a motivação por preconceito, exigência que implica a quase impossibilidade de condenação, já que o acusado sempre alega outros motivos. Resulta bastante improvável conseguir provar o preconceito em juízo.

O PL 1.661/83 não apenas elimina a referência ao preconceito; ele explicita ser desnecessária a comprovação de "declarações explícitas, intenções, opiniões ou atitudes subjetivas" para estabelecer o fato discriminatório diante da Justiça (Artigo 1º, parágrafo 3). O projeto ainda dispõe que não constitua discriminação aplicar a grupos historicamente discriminados, ou pessoas a eles pertencentes, medidas compensatórias visando à implementação

▷ seguintes: "impedir ou obstar o acesso de alguém, devidamente habilitado" a qualquer cargo no serviço público civil ou militar; "negar ou obstar emprego em empresa privada"; recusar ou impedir venda de mercadorias ou acesso, hospedagem ou atendimento em escolas, bares, hotéis, restaurantes, cabeleireiros, clubes e estabelecimentos públicos, entradas e elevadores de edifícios, casamento ou convivência familiar e social; disponível em: <http://www.planalto.gov.br/ccivil_03/>.

do princípio constitucional da igualdade racial (Artigo 1º, parágrafo 2). Estabelece a figura da discriminação de natureza empírica: aquela que consiste em dispensar o tratamento envolvido de forma desproporcional à participação na população do grupo a que pertence o alvo da discriminação (Artigo 1º, parágrafo 5)[69]. No Artigo 2º, o projeto especifica o crime de subestimar, estereotipar ou degradar grupos étnico-raciais ou pessoas a eles pertencentes nos meios de comunicação.

Apresentado em 30 de junho de 1983, esse projeto foi aprovado unanimemente pela CCJ com base em relatório favorável do deputado Elquisson Soares (PMDB-BA). O plenário levou um ano para considerá-lo em primeira redação, quando o alterou e remeteu de volta à CCJ em outubro de 1984. Novamente aprovado por unanimidade, o projeto foi apreciado e aprovado pela Comissão de Educação e Cultura, voltando ao plenário em outubro de 1985 para segunda votação. Entretanto, tal como ocorreu com o PL 1.332/83, o projeto "nunca conseguiu ser apreciado pelo plenário devido a um sinuoso comportamento de segmentos do PMDB, que se utilizaram dos recursos regimentais para adiar e/ou evitar a sua aprovação"[70], e foi arquivado em abril de 1989[71].

A Justificação do PL 1.661/83 constitui um documento histórico dos motivos da rejeição da Lei Afonso Arinos por parte do movimento social, com base na análise de sua ineficácia, bem como da demanda de uma nova legislação penal. Citando várias vozes do movimento, como a do sociólogo Hélio Santos, da Frente Negra para Ação Política de Oposição (Frenapo), o deputado lembra momentos importantes da mobilização por uma lei antirracista e

---

69. Por exemplo, se uma fábrica se localiza em um bairro cuja população é constituída de 68% de negros, e em seus quadros constam apenas 5% de trabalhadores negros, está comprovada a discriminação empírica.
70. *Combate ao Racismo*, v. 6, p. 6.
71. Tramitação registrada no site oficial da Câmara dos Deputados; disponível em: <http://www.camara.gov.br/proposicoesWeb/>.

transcreve "a justificação jurídica e social detalhada desta exigência, enunciada há dois anos pela voz uníssona e coletiva da comunidade afro-brasileira, reunida em São Paulo na 2ª Semana Brasileira de Cultura Negra"[72]. O relatório transcrito constitui um registro valioso da análise crítica da Lei Afonso Arinos.

Dia Nacional da Consciência Negra

Igualmente baseado em demanda em uníssono do movimento social, o Projeto de Lei n. 1.550, de 1983, "Declara feriado nacional o dia 20 de novembro, aniversário da morte de Zumbi, o Dia Nacional da Consciência Negra, já celebrado pela comunidade afro-brasileira". Além de registrar fatos descritivos sobre o fenômeno dos quilombos e sobre a República dos Palmares, a Justificação do projeto apresenta uma lista parcial de entidades do movimento social que manifestaram seu apoio à proposição. São 116 organizações, espalhadas em dezesseis Estados da Federação. O projeto foi aprovado pela Câmara dos Deputados em 17 de maio de 1985[73], e seguiu para apreciação do Senado Federal. Aprovado pela Comissão de Educação e Cultura do Senado e encaminhado para votação em 19 de novembro pelo senador Aloysio Chaves, que se posicionou contra sua aprovação, o projeto foi rejeitado no plenário do Senado Federal.

Véspera do dia 20 de novembro, a data da derrota deu ao fato um valor simbólico que o deputado Abdias comentaria em discurso proferido uma semana depois no plenário da Câmara dos Deputados. No dia da votação no Senado, ele não tomara conhecimento do fato porque estava a caminho da Serra da Barriga na peregrinação anual do Memorial Zumbi, ocupado com os fatos históricos que se

---

72. *Combate ao Racismo*, v. 1, p. 87-97.
73. *Diário do Congresso Nacional*, 17 maio 1985, p. 4.598, col. 2; disponível em: <http://imagem.camara.gov.br/Imagem/>.

Abdias Nascimento participa em 1983 de peregrinação organizada pelo Memorial Zumbi à Serra da Barriga, sítio histórico da República de Palmares, município de União dos Palmares, AL. Foto: Elisa Larkin Nascimento

desenrolavam em torno das terras de Zumbi e da comemoração do Dia Nacional da Consciência Negra. Vale a pena acompanhar a narrativa dele, proferida da tribuna da Câmara em 27 de novembro de 1985:

Sr. Presidente, Srs. Deputados, aconteceu no dia 20 último um evento da maior significação cívico-cultural e que merece ser registrado nos Anais desta Câmara: o Ministro da Cultura, Professor Aluísio Pimenta, subiu a Serra da Barriga, acompanhado do Governador Divaldo Suruagy, de Alagoas, e do Prefeito Risiber Oliveira de Melo, de União dos Palmares, e, juntos a alguns milhares de negros e representantes de organizações afro-brasileiras, celebraram a memória de Zumbi. Uma celebração vibrante e colorida, durante a qual o Ministro Aluísio Pimenta homologou o ato do Conselho do Patrimônio Histórico Nacional que tombou a serra onde, de 1595 a 1696, existiu a República dos Palmares. Reconhecendo e honrando o valor do feito palmarino, o ato se traduz como uma releitura de nossa História [...]. E, nos vencidos de Palmares, o exemplo do heroísmo negro, expresso no amor à liberdade, vinca um traço fundamental do caráter brasileiro.

Enquanto tais ocorrências se desenrolavam lá no nordeste alagoano, aqui no Congresso, ou melhor, ali no Senado Federal, na véspera daquela extraordinária peregrinação a Palmares, um

Senador da República – o Senador Aloysio Chaves (PDS-PA) – reeditava um fato melancólico, equivalente àquele de Domingos Jorge Velho, quando assassinou com armas mercenárias a Zumbi e destruiu a república libertária dos negros. [...]

Enquanto o Ministro Aluísio Pimenta alçava sob a pureza do céu de Palmares seu gesto tão denso de sabedoria, justiça e patriotismo, inscrevendo uma página de beleza sem precedentes em nossa historiografia; enquanto o Ministro galgava as mesmas encostas de onde os palmarinos se defenderam dos exércitos holandeses, portugueses e bandeirantes durante mais de 100 anos, o Senador Aloysio Chaves fazia um pronunciamento de retórica enganosa, patrocinando a rejeição do projeto de lei, aprovado pela Câmara e com parecer favorável da Comissão de Educação e Cultura do Senado, que transforma a data da morte de Zumbi, Dia Nacional da Consciência Negra, em feriado nacional. [...]

O Senador sabia, porque leu o meu projeto de lei, tratar-se de uma aspiração da comunidade afro-brasileira como um todo. No entanto, [...] [o projeto] foi rejeitado por um Senado composto só de brancos, onde apenas uma ou outra voz insubmissa, como aquela do Senador Itamar Franco, ousou discordar. [...] Desde sua posição autoritária, o Senador Aloysio Chaves demonstra [em seu discurso de encaminhamento da votação] um profundo desprezo pelos fatos históricos e chega ao extremo de afirmar que "a libertação dos escravos fez-se sem traumatismos, sem choques, sem violência, sem derramamento de sangue". Estamos indecisos em considerar ignorância ou má-fé do Senador Aloysio Chaves, ou ambas: que significam para ele 100 anos de luta armada dos palmarinos contra escravizadores holandeses, portugueses e bandeirantes? E os quilombos pipocando em quase todas as regiões do nosso território também nada significam para o Senador? Nenhum valor têm para o opaco congressista paraense as insurreições malês, a Revolta dos Alfaiates, a Balaiada e tantos outros episódios nos quais o negro buscou liberdade e respeito, inclusive entre os escravos participantes da Guerra do Paraguai, das lutas farroupilhas e de consolidação da Independência? [...]

Não podemos admitir que ainda hoje se possa impunemente afirmar que "este projeto atenta sobretudo contra esse caráter de homogeneidade da Nação brasileira, contra a indivisibilidade da nossa etnia, do povo brasileiro, é uma extravagância para caracterizar um minoria negra..." [...] Pois esta Nação somente será homogênea quando deixar de existir entre nós o elitismo dominador dos brancos; esta Nação terá uma etnia indivisível quando todos os seus componentes – negro, índio e branco – tiverem uma efetiva igualdade de oportunidades sociais e gozarem de igual respeito à sua origem. Enfim, delirante extravagância é o Senador pretender caracterizar a comunidade afro-brasileira como uma minoria negra, quando somos o contingente majoritário do povo brasileiro. E é para dar um basta a extravagâncias do tipo deste comportamento do Senador Aloysio Chaves que os negros brasileiros se organizam e lutam para dignificar sua história e seus heróis. Nossa herança africana não pode ficar à mercê das distorções, incompreensões e injustiças dos racistas mascarados do nosso Brasil.[74]

O tombamento das terras da Serra da Barriga constituía um fato de extrema importância, porque abria o caminho à sua desapropriação, visando à criação do parque nacional e, conforme objetivava o Memorial Zumbi, a instalação de um polo de cultura de libertação. Efetivamente, muito tempo depois, durante a administração do governador Ronaldo Lessa (PDT), foi criado o Parque Memorial Quilombo dos Palmares, projeto do Instituto Magna Mater acatado pelos governos do Estado de Alagoas e do município de União dos Palmares e pela Fundação Cultural Palmares do Ministério da Cultura, cuja inauguração se realizou em 2007[75].

O Dia Nacional da Consciência Negra, por sua vez, com o tempo se consolidaria, passando a ser comemorado em escolas e cerimônias cívicas Brasil afora. A partir de doze anos depois da apresentação do PL 1.550/83, com o tricentenário da imortalidade de Zumbi dos Palmares em 1995, o dia 20 de novembro viraria feriado municipal em diversas cidades do Brasil, inclusive o Rio de Janeiro de Abdias Nascimento[76]. Quase vinte anos depois da apresentação do projeto, a governadora Benedita da

---

74. *Diário do Congresso Nacional*, 28 nov. 1985, p. 14.649-14.650; *Combate ao Racismo*, v. 6, p. 88-90.

75. Informações sobre o projeto e o parque disponíveis em: <http://www.quilombodospalmares.com.br/>.

76. Lei n. 2.307, de 17 abr. 1995, revogada pela lei n. 5.146, de 7 jan. 2010, que dispõe sobre o calendário de eventos da cidade do Rio de Janeiro e inclui o Dia da Consciência Negra.

Silva promulgaria a Lei n. 4007/2002[77], instituindo a data como feriado estadual no Rio de Janeiro. Hoje, o feriado é observado em alguns estados e em mais de setecentos municípios em diversas regiões do país[78]. O mês de novembro e o Dia Nacional da Consciência Negra tornaram-se referências para atividades em escolas públicas e particulares no que diz respeito à implantação da política de ensino da história e cultura de matriz africana e das relações étnico-raciais.

Direitos das Empregadas Domésticas

Dando continuidade a seu engajamento antigo na causa das empregadas domésticas, Abdias Nascimento apresentou projeto instituindo o Dia Nacional da Empregada Doméstica em 27 de abril[79]. Na Justificação do projeto, ele lembra que nas décadas de 1940 e 50 as mulheres negras se organizaram no interior do Teatro Experimental do Negro e reivindicaram plenos direitos trabalhistas para a empregada doméstica. A demanda na Câmara era pleito da Associação das Empregadas Domésticas, organizada desde 1962, que já estabelecera a comemoração da data no Rio de Janeiro. A definição desse dia em nível nacional constituia "um primeiro passo no sentido de homenagear a empregada doméstica, articulando na forma de um dia dedicado a ela a dignidade e a fundamental importância de sua contribuição para nossa vida em sociedade". Outros passos viriam, pois havia necessidade de o Poder Legislativo atentar para "um justo tratamento [dessas profissionais] dentro das leis, sobretudo aquelas referentes

---

77. Disponível em: <http://alerjln1.alerj.rj.gov.br/CONTLEI.NSF/>.
78. Estados de Alagoas (Lei estadual n. 5.724/1995), Amazonas (Lei estadual n. 84/2010), Mato Grosso (Lei estadual n. 7.879/2002). Os 780 municípios que decretaram feriado no dia 20 de novembro estão relacionados em: <http://www.palmares.gov.br/wp-content/>.
79. Projeto de Lei n. 5.466, de 1985, *Diário do Congresso Nacional*, 22 maio 1985, p. 4.759.

aos direitos trabalhistas". Encaminhado pela Mesa à CCJ e à Comissão de Trabalho e Legislação Social, parece que o projeto sequer foi apreciado, pois nos anais da Câmara não há nenhum registro além do arquivamento pela Mesa Diretora em 1º de fevereiro de 1987[80]. Somente 30 anos depois, em 2013, as empregadas domésticas conseguiriam direitos trabalhistas análogos àqueles de que desfrutam outras categorias de trabalhadores[81].

Luta Contra o Apartheid na África do Sul e Pela Independência da Namíbia

Uma frente de luta principal do movimento social negro, nessa época, era o combate ao sistema segregacionista do apartheid na África do Sul e o apoio à luta do povo da Namíbia contra a ocupação ilegal de seu território pelo regime racista. O trabalho do deputado Abdias Nascimento foi intenso e abrangente, estendendo-se para além da atuação parlamentar. O Ipeafro, instituto que ele fundou, organizou e participou de congressos e seminários regionais e internacionais, a maioria deles eventos da ONU. O 3º Congresso de Cultura Negra das Américas, realizado pelo Ipeafro em agosto de 1982, recebeu a primeira representação em visita ao Brasil do Congresso Nacional Africano da África do Sul, organização de Nelson Mandela. Na qualidade de deputado federal e dirigente do Ipeafro, Abdias Nascimento presidiu o Seminário Internacional "100 Anos de Luta pela Independência da Namíbia", que o Ipeafro realizou em conjunto

---

80. Site oficial da Câmara dos Deputados; disponível em: <http://www.camara.gov.br/proposicoesWeb/>.
81. A Emenda Constitucional n. 72, de 3 abr. 2013 (PEC 66/2012) define novos direitos que incluem jornada de trabalho de 44 horas, seguro--desemprego, fundo de garantia, irredutibilidade salarial, adicional noturno, salário-família, assistência em creches e em pré-escolas, entre outros.

com a ONU nas dependências da Câmara Municipal do Rio de Janeiro em 1984[82].

Ele participou da Conferência Regional da América Latina e Caribe, realizada em San José, Costa Rica (1983), e das conferências internacionais realizadas em 1984 e 1985 na sede da ONU, em Nova York, bem como de inúmeros atos públicos organizados pelo movimento negro exigindo o rompimento das relações diplomáticas e comerciais com o regime racista, de acordo com as diretrizes estabelecidas no contexto da ONU.

Ainda sob o regime autoritário de direita que representava interesses econômicos ligados a empresas sul-africanas e que tinha intenção expansionista na África e na região do Atlântico Sul, o Brasil oficial pouco se interessava pelos aspectos éticos e morais de sua cumplicidade com o regime racista. Embora o governo negasse essa cumplicidade, ela se caracterizava nitidamente na condução das relações com a África do Sul em contradição ao consenso internacional e às orientações da ONU. Os principais órgãos da imprensa brasileira, também ligados a setores econômicos com interesses na África do Sul, igualmente desconsideravam o consenso internacional no sentido de boicote e isolamento do regime racista, divulgando material promocional do regime e de empresas a ele ligadas.

Abdias Nascimento vinha denunciando a cumplicidade do Brasil com o apartheid e o colonialismo português na África desde a década de 1970, quando apresentou pesquisa sobre o tema em diversas reuniões internacionais[83]. Estudando o histórico dos votos do Brasil nas Nações Unidas durante o processo da descolonização da África, ele revelava o compromisso do Brasil com o poder colonial

---

82. *Revista Afrodiáspora*, v. 2, n. 5, número especial dedicado ao seminário.
83. A. Nascimento, *O Quilombismo*, 2. ed., p. 167-219. Texto apresentado ao Simpósio de Lideranças sobre a Guerra na África Meridional (Washington, D.C., EUA, 1976); 1º Congresso de Cultura Negra das Américas (Cali, Colômbia, 1977); Simpósio O Brasil no Limiar da Década dos 80 (Estocolmo, Suécia, 1978).

português em votos negativos e abstenções até a véspera da independência de Angola. Diante desse histórico, soava irônico o discurso de autoelogio do Brasil ao dar meia-volta e sair à frente no reconhecimento diplomático de Angola depois de ficar evidente que sua independência era um fato iminente e inexorável. Tanto em relação às ex-colônias portuguesas como ao apartheid e à intervenção sul-africana na Namíbia, a hipocrisia do discurso brasileiro e sua postura "antirracista" sustentada na alegação de um tropicalismo miscigenado formavam um perfeito paralelo à forma do racismo doméstico em relação à população negra do país. Além disso, havia a denúncia da articulação de um tratado do Atlântico Sul, nos moldes da Otan, que envolveria o Brasil, Argentina e África do Sul, os únicos países que "pelas suas culturas e suas tradições fazem parte do mundo Ocidental e têm uma situação geográfica que lhes credencia exercer um papel importante no controle e proteção do Atlântico Sul"[84].

Como parlamentar, a atuação de Abdias Nascimento foi intensa e efetiva no sentido de contribuir para ampliar o alcance político do combate ao apartheid. Ele denunciava a cumplicidade do Brasil com o regime do apartheid em todas as oportunidades, mas não se contentava em falar sozinho do plenário da Câmara. No início de seu mandato, liderou junto ao recém-empossado governador do Rio de Janeiro, Leonel Brizola, a articulação que resultou no decreto de inclusão do dia 21 de março, Dia Internacional pela Eliminação da Discriminação Racial, no calendário das comemorações oficiais do Estado – "uma medida de conscientização e divulgação dessa causa quase ignorada nos círculos oficiais da política brasileira"[85]. Articulou e entregou ao governador Brizola um abaixo-assinado em favor da outorga a Nelson Mandela do título de Doutor

---

84. Editorial do jornal argentino *La Nación*, citado na revista *África*, jul. 1977; apud ibidem, p. 213.
85. *Diário da Câmara dos Deputados*, 30 nov. 1984, p. 15.439; *Combate ao Racismo*, v. 5, p. 17. Ver Decreto n. 6.627, de 21 mar. 1983.

Honoris Causa pela Universidade do Estado do Rio de Janeiro (UERJ)[86]. Redigiu e apresentou aos líderes de todos os partidos de oposição do Congresso Nacional uma declaração de repúdio ao sistema racista da África do Sul e às suas agressões militares contra Angola, Lesoto e Moçambique. Com a adesão de todas as bancadas de oposição, a declaração tinha o peso político de representar a maioria do Parlamento brasileiro; registrada nos eventos internacionais em que Abdias Nascimento atuou, ela contribuiu para reforçar o peso político da condenação internacional ao apartheid. Em seus pronunciamentos sobre o tema, o deputado transcrevia os textos e citava as ações do movimento social negro[87].

Ao longo de todo o seu exercício, o deputado Abdias Nascimento lembrava, no plenário e na Comissão de Relações Exteriores, que "a comunidade internacional já se cansou de manifestar, reiteradamente, o seu repúdio ao sistema genocida do apartheid, definindo-o como crime contra a humanidade. Só o nazismo mereceu, no passado, tal designação". Igualmente continuou, durante todo o exercício, insistindo nos quatro pontos que apresentou em discurso no dia 15 de junho de 1983, falando em nome das entidades do movimento negro:

manifestamos nosso veemente repúdio a esse brutal regime do apartheid e exigimos que o Brasil, que se apresenta no exterior como exemplo de antirracismo, concretize essa posição tomando as seguintes medidas:
1. Cortar todas as relações, diplomáticas, comerciais, culturais e aviatórias com o regime sul-africano.

86. *Combate ao Racismo*, v. 2, p. 55.
87. Em seu pronunciamento de 7 ago. 1985, por exemplo, ele transcreve carta aberta do Instituto de Pesquisas da Cultura Negra (IPCN) e entidades do movimento negro do Estado do Rio de Janeiro; documento do N'Zinga Coletivo de Mulheres Negras (RJ e SP) e carta aberta do MNU/DF; *Combate ao Racismo*, v. 6, p. 8-9.

2. Reconhecer como legítimos representantes dos seus respectivos povos o Congresso Nacional Africano, da África do Sul, e a Organização do Povo da África Austral-Ocidental (Swapo), da Namíbia.

3. Exigir a imediata libertação de Nelson Mandela e de todos os prisioneiros políticos antirracistas detidos nos cárceres nauseabundos do regime da África do Sul.

4. Patrocinar, o governo e as instituições representativas da sociedade brasileira, uma campanha nacional, em nosso País, de esclarecimento da opinião pública brasileira, a respeito da significação criminosa do apartheid, colaborando com o Escritório de Informações das Nações Unidas no Brasil.[88]

Em 29 de novembro de 1984, diante de mais uma afirmação do Ministério das Relações Exteriores de que o Brasil repudiava o apartheid, mantendo relações apenas formais e uma representação de nível inferior em Pretória, Abdias Nascimento foi à tribuna da Câmara denunciar a veiculação, pelo canal de televisão oficial do governo, a TVE, de programa elogioso à África do Sul com propagandas do Centro de Turismo sul-africano:

Os mapas da África do Sul exibidos pela nossa TVE incluem como parte daquele país o território da Namíbia. Isso retrata perfeitamente a cumplicidade do Brasil com o regime criminoso que, além de submeter seu próprio povo ao *apartheid*, ainda vem tentando impô-lo ao povo namibiano, contra todos os princípios de direito internacional.

Que o Itamarati não venha querer enganar-nos. Esse programa foi um trabalho conjunto da TVE, da Funteve e outros órgãos do governo brasileiro com o governo racista sul-africano. [...] A Exma. Ministra de Educação e Cultura está no dever de explicar ao povo brasileiro o endosso que a TVE testemunhou, com esse programa, ao genocídio mais cruel de que se tem notícia.[89]

Com o advento da Nova República, a situação pouco mudou. O Brasil reatou as relações com Cuba, mas não rompeu com a África do Sul. Ao contrário, "a Nova República deu

---

88. *Combate ao Racismo*, v. 1, p. 53-54.
89. *Diário da Câmara dos Deputados*, 30 nov. 1984, p. 15.439; *Combate ao Racismo*, v. 4, p. 42-43.

um passo atrás em nossa política externa, descartando qualquer medida efetiva no sentido de cumprir aquilo que a comunidade internacional vem recomendando há tantos e tantos anos"[90]. O ministro Olavo Setúbal declarara inadmissível o rompimento de relações diplomáticas, assinalando, ao contrário, a probabilidade de expansão e intensificação das relações comerciais[91]. A afirmação parece ter sido uma resposta à Indicação n. 15, de 1985[92], que o deputado Abdias Nascimento apresentara no dia anterior, como membro da Comissão das Relações Exteriores da Câmara dos Deputados, em que ele "ecoava a exigência da comunidade afro-brasileira nacional, expressa em documento dirigido ao futuro Presidente Tancredo Neves por lideranças e representantes de organizações negras de todo o país": o rompimento de todas as relações com a África do Sul, de acordo com as resoluções da ONU. Em reunião posterior dessas lideranças com o presidente Sarney, este manifestou seu repúdio ao apartheid e seu apoio à causa da Namíbia, como mais tarde ele faria na Assembleia Geral da ONU. Entretanto, as relações do Brasil continuaram intactas até 9 de agosto de 1985, quando o presidente Sarney promulgou o decreto n. 91.524, que proibia o intercâmbio cultural, desportivo e artístico com a África do Sul e impunha embargo de suprimentos militares e produtos petrolíferos[93]. Tratava-se de uma medida inócua, já que as relações comerciais, concentradas na mineração e aviação, constituíam o mais importante alvo de sanções e não foram atingidas pelo decreto. Somente uma empresa sul-africana, a mineradora Anglo-American, controlava grande parte da indústria de ouro e diamantes no Brasil. Além disso, a participação de pilotos brasileiros

90. *Diário da Câmara dos Deputados*, 11 abr.1985, p. 2.781; *Combate ao Racismo*, v. 5, p. 46.
91. *Jornal do Brasil*, 28 mar. 1985, apud A. Nascimento, *Combate ao Racismo*, v. 5, p. 46.
92. *Combate ao Racismo*, v. 5, p. 75-76.
93. *Diário da Câmara dos Deputados*, 9 out. 1985, p. 12.212; *Combate ao Racismo*, v. 6, p. 45.

na corrida da Fórmula 1 sediada na África do Sul, talvez o único teste real do efeito do decreto, mostrou sua absoluta ineficácia. O deputado Abdias Nascimento considerava que o turismo constituía relação cultural e, portanto, estaria embargado pelo decreto, assim como o comércio de transporte aéreo e marítimo entre Brasil e a África do Sul[94]. Em pronunciamento do dia 10 de outubro de 1985, entretanto, ele constatou que

> A perpetuação do reconhecimento implícito que o Governo brasileiro concede ao apartheid do governo sul-africano, através da manutenção de relações diplomáticas e comerciais, através dos aviões da Varig que voam para a África do Sul e dos aviões daquele país que pousam em território brasileiro, desmente as reiteradas condenações daquele regime feitas pelo Presidente José Sarney. E isto decepciona e frustra a Nação brasileira que não compactua de nenhuma forma com o crime da discriminação racial vigente na pátria do ódio e do horror.[95]

Além do rompimento de relações com a África do Sul, Abdias Nascimento apresentou indicações à Comissão de Relações Exteriores pelo reconhecimento do Congresso Nacional Africano da África do Sul (ANC) de Nelson Mandela e a Swapo, liderada por Sam Nujoma, como legítimos representantes dos povos sul-africano e namibiano, respectivamente. Os textos dessas indicações trazem fatos e informações ainda hoje elucidativos do assunto[96]. Diante da indiferença do governo brasileiro, ele observou o seguinte em pronunciamento proferido em 7 de agosto de 1985:

> O apartheid já foi definido muito propriamente como um crime contra a humanidade. A consciência livre do mundo, o espírito de justiça e de solidariedade humana tem repudiado essa prática do Governo da África do Sul, e até países como a França e os Estados Unidos têm publicamente se aliado a essa condenação internacional do apartheid. Entretanto, para nossa vergonha, constatamos

---

94. Ver texto da Indicação n. 20, de 1985, *Combate ao Racismo*, v. 6, p. 56.
95. Ibidem, p. 40.
96. Indicações n. 19 e 20, de 1985; *Combate ao Racismo*, v. 6, p. 51-57. Anexos.

a ausência e a omissão do Governo do Brasil, no sentido de uma ação concreta que justifique na prática as suas declarações contra o apartheid proferidas tanto na assembleia da ONU como mesmo pelo Exmo. Presidente José Sarney.

É realmente uma contradição terrível que o Brasil, o maior país negro do mundo depois da Nigéria, que tanto se proclama o berço da "democracia racial" e que deveria liderar internacionalmente a luta contra o apartheid, mantenha relações diplomáticas e comerciais com o Governo sul-africano. Mais do que uma contradição e um infortúnio, a cumplicidade do Brasil com o apartheid é uma cegueira política de graves consequências para o futuro de nossas relações internacionais. Porque, mantendo esse tipo de endosso tácito ao governo assassino sul-africano, o Brasil se mantém um aliado das forças mais retrógradas e obscurantistas do nosso tempo.

A comunidade negra brasileira, da qual sou porta-voz neste Congresso, clama e exige do governo da chamada Nova República uma atitude que traduza os reclamos da consciência democrática do nosso povo: o imediato rompimento de todo e qualquer tipo de relações com o governo da África do Sul. Ainda na segunda-feira última, dia 5, os negros do Rio de Janeiro e de São Paulo realizaram marchas e ato público, nas duas grandes capitais, de repúdio ao apartheid. Também a população negra de Brasília redigiu um documento de repúdio às nossas relações com a África do Sul. Peço que esses documentos sejam incluídos como parte deste meu pronunciamento, pois eles iluminam a realidade vivida por nosso povo neste instante.

Esperamos que o Governo do Presidente José Sarney assim como os responsáveis pela Nova República não se mantenham indiferentes, como é da tradição das classes dirigentes deste País, ao clamor das aspirações mais altas e justas dos descendentes daqueles africanos escravizados que edificaram o Brasil.[97]

Povo Negro, Nova República e Assembleia Constituinte

A transição do poder militar para o civil em 1985, quando o vice-presidente José Sarney assumiu no lugar do presidente eleito Tancredo Neves, representou uma nova etapa

---

97. *Diário da Câmara dos Deputados*, 8 ago. 1985, p. 7.790; *Combate ao Racismo*, v. 6, p. 7.

no processo de redemocratização do país após a anistia, a volta dos exilados, a reorganização partidária e as eleições de 1982. A Emenda Dante de Oliveira, que instituiria eleições diretas como mecanismo dessa transição e que foi o tema de uma mobilização política de proporções sem precedentes, foi derrotada por 22 votos na Câmara dos Deputados. A decepção cívica com esse resultado provocou as seguintes reflexões de Abdias Nascimento:

> Penso, Srs. Deputados, no que poderei dizer agora quando chegar a um botequim de esquina no meu querido Rio de Janeiro, e me defrontar com as indagações daquele bravo povo que fez muito mais do que um comício de mais de um milhão, e cuja vontade não prevaleceu diante da cegueira cívica, das armas embaladas, da corrupção autoritária daqueles que se ausentaram ontem deste plenário. Que poderei dizer das trevas em que o regime mergulhou o País, com a decretação da insensibilidade cívica institucionalizada, quando prevaleceu no próprio Congresso a incompetência política que frustrou os legítimos anseios do povo brasileiro? Como poderei encarar esse povo quando me sufoca uma profunda e triste vergonha por pertencer a uma Casa legislativa que se curva diante do arbítrio e perde a legitimidade na representação de um povo que tão nitidamente demonstrou sua consciência e maturidade política, e que foi traído?[98]

Essa decepção levou setores da esquerda a optar por não votar no Colégio Eleitoral constituído por parlamentares federais e representantes das Assembleias Legislativas dos Estados para eleger o presidente civil. O Partido dos Trabalhadores fechou questão em torno dessa posição e expulsou três deputados que dela divergiram, dando seu voto no Colégio Eleitoral: Airton Soares, Bete Mendes e José Eudes. Levando em conta que a ausência e a omissão de parlamentares tornaram possível a derrota das Diretas Já!, o PDT participou da eleição, e Abdias Nascimento deu seu voto em 15 de janeiro de 1985 por Tancredo Neves, representante de uma aliança de forças

---

98. *Diário da Câmara dos Deputados*, 21 abr. 1984, p. 2.543-2.544; *Combate ao Racismo*, v. 3, p. 50.

democráticas contra o candidato apoiado pelo regime militar, Paulo Maluf.

Durante todo o processo de redemocratização, desde a resistência ao regime militar, o movimento negro se mobilizava e participava da reorganização da política brasileira com base em estruturas democráticas: a construção da chamada "Nova República". Desde os tempos do exílio, Abdias Nascimento já vinha insistindo que

> o negro não esteve sob um regime autoritário apenas durante os vinte anos de governo militar; nós estamos sob o regime do autoritarismo há quase 500 anos. Para nós, todos os governos, todos os regimes deste País têm sido ditatoriais, autoritários, e por isso precisamos, agora que falamos em abertura, que estamos às vésperas da construção de um Brasil novo, ter em mente esse dado fundamental para essa nova organização social e política do nosso País. [Os negros que] construíram com sangue, suor, lágrimas e muito sofrimento este País e são considerados cidadãos de segunda classe. Tanto que nos condenam com um racismo ao reverso, quando advogamos o nosso direito de igualdade, o nosso direito de nos vermos representados em todos os níveis de poder. [...]
>
> Enquanto não existir a presença negra em todos os níveis de poder, em todas as instituições deste País, estaremos aqui clamando: este Brasil não tem o direito de falar em democracia[99].

A evolução da participação dos negros no poder como consequência da atuação do movimento negro no processo de redemocratização já se iniciara a partir do gesto do governador Leonel Brizola de nomear três secretários negros para compor o primeiro escalão: Edialeda Salgado Nascimento, Secretária de Promoção Social; Carlos Alberto de Oliveira Caó, Secretário do Trabalho e da Habitação; e Carlos Magno Nazareth Cerqueira, Secretário da Polícia Militar. Um ano depois, e quase exatamente um mês após o comício das Diretas Já! no Rio de Janeiro, o Conselho Estadual de Participação e Desenvolvimento da Comunidade Negra do Estado de São Paulo foi criado em 11 de

---

99. *Diário da Câmara dos Deputados*, 22 out. 1983, p. 11.400; *Combate ao Racismo*, v. 2, p. 53.

maio de 1984[100]. Congratulando-se com o governador André Franco Montoro "pela feliz iniciativa", o deputado Abdias Nascimento comentou da tribuna da Câmara: "É assim que se faz uma verdadeira democracia racial, entregando àqueles que sofrem a opressão os meios para combatê-la e abrir caminhos igualitários para o futuro[101]". Em vários locais, começavam a aparecer leis e iniciativas de governo, inclusive em relação à demanda pelo ensino da história africana nas escolas[102].

Por outro lado, ainda prevalecia na sociedade brasileira um profundo desconhecimento da questão racial, ao lado de uma negação pura e simples de sua existência, fato bem ilustrado no gesto do ministro da Justiça Ibrahim Abi-Ackel, que em 1984 criou uma comissão para organizar a comemoração do centenário da abolição da escravatura no Brasil quando, de acordo com o deputado,

a comunidade supostamente beneficiária desse evento nega que tenha havido uma efetiva libertação para a gente negra.
Pelo contrário, ecoando nesta Casa os anseios e aspirações do meu povo negro, tenho dito e repetido que o 13 de maio nada mais significa do que uma mentira cívica. Esta mentira cívica que o Ministro da Justiça tenta perpetuar, com a encenação de um ato comemorativo onde o negro continua como apenas o objeto tradicional da exploração da elite brancoide. Tanto assim, que o primeiro nome que encabeça a comissão é o de Dom Pedro Gastão de Orleans e Bragança, uma reminiscência do aristocratismo escravocrata, e entre os nove outros nomes não existe nem ao menos um de negro preocupado com a história e o destino dos seus irmãos afro-brasileiros.[103]

Nas eleições de 1982, foram eleitos pouquíssimos políticos com histórico de compromisso com a questão racial. O movimento negro conseguiu "conquistar" alguns entre os

100. I.A. Santos, *O Movimento Negro e o Estado*.
101. *Diário da Câmara dos Deputados*, 24 maio 1984, p. 4.220; *Combate ao Racismo*, n. 3, p. 55.
102. Ver H. Silva Jr., *Antirracismo*.
103. *Diário da Câmara dos Deputados*, 24 maio 1984, p. 4.219-4.220; *Combate ao Racismo*, n. 3, p. 54.

esquerdistas eleitos que rejeitavam a luta negra como divisora da classe operária. Outros, mais conservadores, se tornaram sensíveis à questão racial diante do possível potencial eleitoral de um segmento ativista cuja presença crescia na sociedade civil brasileira. Entre estes estava Wagner Nascimento (PMDB), eleito prefeito de Uberaba (MG). Atendendo às demandas do movimento negro, ele apoiou e sediou em sua cidade dois encontros nacionais em que ativistas e lideranças negros se posicionaram diante da proposta da "Nova República". No primeiro, realizado em 24 de novembro de 1984, foi elaborado um documento entregue em Brasília, em 18 de dezembro, ao futuro presidente Tancredo Neves.

O segundo momento foi um encontro com o presidente José Sarney. O deputado Abdias Nascimento participou dos dois, sempre enfatizando o caráter suprapartidário da pauta política do combate ao racismo e defesa dos direitos humanos e civis da população negra. Para surpresa dele, o documento elaborado em Uberaba se iniciava afirmando que "neste momento inédito" o movimento negro pretendia "iniciar o processo de resgate de nossa cidadania para obtenção dos princípios de nossos direitos"[104], assim subtraindo da história política brasileira todo o ativismo negro de gerações anteriores. Dirigindo-se ao futuro presidente e aos militantes presentes no encontro em que o documento de Uberaba foi entregue a Tancredo Neves, Abdias Nascimento observou:

Este momento histórico poderia manchar sua própria natureza e comprometer a sua grandeza se esquecêssemos ou subestimássemos a história da luta negra em nosso País. [...] Desde a chegada do primeiro africano escravizado ao Brasil, o negro luta – organizadamente, sim – por sua libertação.[105]

---

104. Carta da Comunidade Afro-Brasileira ao Dr. Tancredo de Almeida Neves, elaborada em Encontro Nacional de representantes e militantes negros, Uberaba, 24 nov. 1984; publicada em panfleto pela Prefeitura de Uberaba e Frenabra. Transcrita em A. Nascimento, *Povo Negro*, p. 52-55.
105. A. Nascimento, O Negro e a Sucessão, *Diário da Câmara dos Deputados*, 22 mar. 1985, p. 1.584-1.586; *Combate ao Racismo*, v. 5, p. 27-30.

Prosseguindo, ele cita "a República de Palmares, as centenas de quilombos, a Revolta dos Alfaiates, as insurreições Malês, a Balaiada e o fenômeno do Chico Rei", as irmandades negras e comunidades religiosas de matriz africana, a imprensa negra, a Frente Negra Brasileira, a Convenção Nacional do Negro e algumas dezenas de nomes de ativistas negros das décadas 1930 a 1960. Lembra que, "em época de análoga abertura democrática e de reorganização da sociedade brasileira através da Assembleia Nacional Constituinte, de 1946, e eleição direta do Presidente da República", a Convenção Nacional do Negro lançou um Manifesto à Nação "no qual reivindicava, na essência, exatamente o que hoje estamos aqui exigindo, em nome da maioria do povo brasileiro, que é negra, do futuro presidente Tancredo Neves"[106].

O encontro com o presidente José Sarney teve lugar em 3 de maio de 1985, em Uberaba. Registrando o fato nos anais da Câmara dos Deputados, Abdias Nascimento lembra que José Aparecido, então ministro da Cultura, intermediou as gestões para a realização do encontro e que o presidente, "em termos incisivos, assumiu as reivindicações" apresentadas pelo prefeito em documento elaborado por lideranças negras reunidas em Uberaba e pelo dr. Carlos Alves Moura, dirigente do Memorial Zumbi. Dirigindo-se ao presidente, Abdias Nascimento observou, entre outras coisas, que não poderia ficar faltando, "no primeiro escalão da Nova República, a figura indispensável de um negro". Reiterou a necessidade de romper relações com a África do Sul e propôs a criação de um Conselho subordinado à Presidência da República e em nível interministerial:

Um Conselho não decorativo, ágil, capaz de dar realidade a políticas do Governo Federal em todos os campos de atividades, tais

---

106. Ibidem, p. 28. Em discurso do dia 21 mar. 1985, o deputado transcreve diversos documentos do movimento negro, entre eles o Manifesto da Convenção Nacional do Negro de 1945. *Diário da Câmara dos Deputados*, 22 mar. 1985, p. 1.586; *Combate ao Racismo*, v. 5, p. 21-39.

como, para ilustrar: no setor da educação, introduzir nos currículos escolares matérias relativas à História da África e da experiência negro-africana em nosso País, incluindo professores negros no Conselho Federal de Educação; no setor de trabalho, efetivar a igualdade de oportunidade de emprego e de salário; no setor da justiça, medidas antirracistas na prevenção do crime, a conscientização étnica dos organismos policiais e de execução penal; no setor da cultura, aprofundar, conforme já deu início o Exmo. Ministro da Cultura José Aparecido[107], a dignificação da contribuição cultural africana ao Brasil, inclusive fazendo-a representar no Conselho Federal de Cultura. [...] É hora de este País compensar a comunidade negra quando se fala em reforma agrária; basta que se destinem parcelas do solo ao negro camponês e que se proteja eficazmente [as] terras ocupadas por comunidades negras, herdadas de senhores de latifúndios, após a abolição da escravatura.[108]

A proposta do Conselho inseria no cenário político federal de 1985 uma ideia que viria se concretizar somente 18 anos depois, com a criação da Secretaria Especial de Políticas de Promoção da Igualdade Racial em 2003. Um passo preparatório no mesmo sentido foi a constituição do Grupo de Trabalho Interministerial (GTI) para a população negra, no bojo da Marcha Zumbi dos Palmares Contra o Racismo e Pela Vida de 1995. Ainda em 1985, o deputado prosseguiu se dirigindo ao presidente Sarney:

Este não é momento oportuno para o desenho de todo um programa reivindicatório. Teríamos muito a dizer no que toca a saúde, habitação, etc., mas principalmente quanto à nossa futura Constituição, já que nenhuma delas – desde a de 1824 até a última de 1967 – se preocupou em definir e assegurar o direito dos negros.

---

107. Como secretário de cultura do governo de Tancredo Neves em Minas Gerais, José Aparecido havia organizado o I Encontro Nacional de Política Cultural (Belo Horizonte, 21-24 abr. 1984), em que ativistas e intelectuais negros apresentaram documento registrando posições e recomendações. Ele criaria no Ministério da Cultura a Assessoria para Cultura Afro-Brasileira, embrião da Fundação Cultural Palmares, em que empossou o advogado dr. Carlos Alves Moura.

108. *Diário da Câmara dos Deputados*, 8 maio 1985, p. 3.996-3.997; *Combate ao Racismo*, v. 5, p. 55-61.

Durante todo o processo da abertura política, uma das mais destacadas demandas da sociedade civil foi a de uma Assembleia Constituinte livre e soberana, eleita pelo povo. Para muitos, a "Nova República" somente se instituiria a partir desse princípio, conforme afirma o deputado em manifesto sobre o tema lançado em 21 de março de 1985:

> Estamos no limiar de uma nova era da vida pública brasileira. Já tomou posse o governo da transição, eleito pelo voto indireto de um Colégio Eleitoral espúrio. Nem por isso podemos julgar que a "Nova República" chegou de fato. Sem a participação direta do povo trabalhador, massacrado e alijado do processo político ao longo desses vinte anos de autoritarismo, esse processo político em nada terá se modificado.
>
> A Assembleia Nacional Constituinte representa o primeiro e mais significativo momento dessa efetiva participação popular. Trata-se do reordenamento, feito por todos os segmentos da população, das instituições nacionais reclamado pela sociedade. Se a nova Constituição for elaborada com o efetivo protagonismo do povo brasileiro, aí, sim, poderemos falar em "Nova República". [109]

No entender dos pensadores da "Nova República" que tomavam as rédeas do poder, a elaboração do anteprojeto da nova Carta Magna seria feita por uma comissão de 50 seletos integrantes "de livre escolha do Chefe do Executivo"[110] e presidida por Afonso Arinos. Este apresentou ao presidente Sarney uma lista de 33 nomes "aprovados por Tancredo Neves" para compor a comissão. O deputado Abdias Nascimento declarou-se contra qualquer comissão desse tipo porque "a feitura da nossa Carta Magna é da competência exclusiva da Assembleia Nacional Constituinte livre e soberana, integrada por todos os segmentos

---

109. Abdias Nascimento, "O Povo Negro na Constituinte", Manifesto ao Povo Carioca e Fluminense, Rio de Janeiro, 21 mar. 1985 (mimeo.). Documento original, Acervo Ipeafro, Seção Atuação Política de Abdias Nascimento, Série PTB-PDT, Dossiê: Movimento Negro do PDT.
110. Comissão Provisória de Estudos Constitucionais, instituída pelo Decreto n. 91.450 de 18 jul. 1985; *Diário Oficial da União*, Seção 1, 22 jul. 1985, p. 10.393.

do povo brasileiro", e observou que, entre os 33 nomes apresentados, três eram de pessoas negras: o geógrafo Milton Santos, a vereadora Benedita da Silva e o secretário do Trabalho e da Habitação do Estado do Rio de Janeiro Carlos Alberto de Oliveira (Caó). "Apenas três!", protestou o deputado, quando, "para qualquer legitimidade", no mínimo a metade deveria ser de representantes negros, maioria do povo. E aproveitou para cobrar o compromisso assumido por Tancredo e Sarney em Uberaba:

> se com a chamada Nova República o negro continuar subalternizado, só figurando em nível institucional como figura simbólica ou decorativa, nada terá mudado para ele com o Governo do Presidente José Sarney. Aliás, convém lembrar o compromisso, expresso várias vezes pelo Presidente Tancredo Neves, com as reivindicações da comunidade afro-brasileira. Compromisso não só do Presidente Tancredo como também do Presidente Sarney.

Em seguida, transcreveu nos anais da Câmara o discurso em que o presidente Sarney afirmava "apoio total às reivindicações das comunidades afro-brasileiras"[111]. Assim o deputado realizava um gesto simbólico, de registro, pois quando se dirigiu ao presidente Sarney em Uberaba, havia expressado sua convicção de que "seguramente mulheres negras e homens negros estarão na futura Assembleia Nacional Constituinte resgatando esses quase cinco séculos de invisibilidade e inaudibilidade face ao poder de nossas instituições"[112].

O deputado já havia apresentado um elenco de medidas para inclusão na nova Constituição no seu discurso de 21 de março:

1. Voto ao analfabeto: o negro teve sua cidadania cassada com o direito do voto apenas ao alfabetizado. Segundo o censo nacional de 1980, um negro brasileiro tem duas vezes mais

---

111. *Diário da Câmara dos Deputados*, 6 jun. 1985, p. 5.703; *Combate ao Racismo*, v. 5, p. 59-61.
112. *Diário da Câmara dos Deputados*, 8 maio 1985, p. 3.997; *Combate ao Racismo*, v. 5, p. 57.

probabilidade de ser analfabeto do que um branco. O voto ao analfabeto é fundamental para a participação democrática afro-brasileira e para a fundação da democracia em nosso País.

2. Definição constitucional de racismo como crime de lesa humanidade: a discriminação racial não pode ser classificada apenas como contravenção ou colocada em termos de "preconceito" individual e subjetivo. Cada vez que um negro é discriminado, atinge-se a todo o povo de ascendência africana, ou seja, um crime coletivo contra a dignidade e a condição humana de uma população inteira.

3. Garantia constitucional de isonomia racial em todos os aspectos da vida brasileira: emprego, habitação, educação, saúde, cultura e meios de comunicação. Não basta a proibição da discriminação racial: é preciso que a Constituição estabeleça o direito de todos os cidadãos à igualdade de condições de vida. Para atingir tal igualdade, medidas legislativas de ação compensatória, dirigidas aos segmentos historicamente discriminados da população (como são negros, índios e mulheres) deverão ser previstas e autorizadas na Carta Magna da República.

4. Indenização à coletividade negra por mais de quatro séculos de destituição racista: fomos trazidos à força da África, usurpadas as nossas terras, nossa liberdade, nossa cultura, nossa língua, nossos meios de subsistência. Hoje, existem espalhadas pelo Brasil inteiro comunidades negras isoladas, ameaçadas de expulsão de suas terras, apesar de ocupá-las, em muitos casos, desde o século passado. Além disso, está comprovado também que a grande maioria da população rural destituída de suas terras é a população de ascendência africana, que se concentra nas regiões mais pobres do meio rural como resquício da época escravagista. A Constituição precisa incluir uma garantia da propriedade dessas terras para as comunidades e os camponeses negros.

5. Proibição constitucional à definição da vadiagem como contravenção penal, à pena de morte e à instituição da prisão cautelar. Desde a fundação da República, o negro foi taxado de "vadio" por ser vítima do desemprego e consequente falta de moradia, resultantes de uma política de embranquecimento que dita a preterição do ex-escravo no mercado de trabalho em favor do imigrante europeu. Assim se desencadeou o processo de violência policial que, ainda em nossos dias, persegue o negro brasileiro, num padrão parecidíssimo

com aquele da África do Sul. O agravo mais recente desse processo são as propostas da prisão cautelar. Caso elas sejam implementadas, não temos dúvida de que a primeira vítima será o negro, alvo prioritário e indefeso do arbítrio policial. Essa medida incorporaria uma ameaça grave à comunidade negra, cujas famílias têm constantemente seus lares invadidos pela polícia. O veto definitivo a essas intenções deve ser inserido na Constituição.[113]

O primeiro e o último desses pontos, o voto ao analfabeto e a eliminação da figura penal da vadiagem, bem como a definição do crime qualificado de racismo, as medidas de ação compensatória e o direito à terra para as comunidades quilombos referido no item 4 não constam do documento de Uberaba entregue ao presidente Tancredo Neves. Nele, há menção do combate ao analfabetismo sem referência ao voto, da extinção da Lei Afonso Arinos com base no que preceitua a Constituição então em vigor ("será punido o crime por preconceito racial"), da "atenção aos conflitos de terras" e da "eficaz política de proteção aos direitos humanos"[114].

Nessas diferenças está configurada a dualidade de abordagens das desigualdades: nas propostas de Abdias Nascimento, políticas específicas dirigidas a alvos definidos de combate ao racismo; nas propostas de Uberaba, políticas universais cujos efeitos repercutiriam em benefício da população negra em razão da incidência sobre ela do impacto das desigualdades. Em outras palavras, o documento de Uberaba assinala uma opção pela análise estrutural de classe em detrimento do enfoque nas desigualdades raciais. Convivendo e comungando com os setores de esquerda que combatiam o regime de exceção, o movimento negro naquele momento assumia um discurso condicionado pela "linha correta" do pensamento marxista

---

113. *Diário da Câmara dos Deputados*, 22 mar. 1985, p. 1.584; *Combate ao Racismo*, v. 5, p. 19-20.

114. O texto do documento está transcrito em A. Nascimento, *Povo Negro*, p. 53-55.

que Abdias Nascimento já conhecia, tendo enfrentado suas consequências desde 1945-1946, no Comitê Democrático Afro-Brasileiro. Ele aprendera àquela época que a preferência ideológica pelas políticas universais pode resultar na postergação e eventual abandono da procura de soluções para problemas específicos da população negra. Seu projeto de lei da Ação Compensatória não recebeu apoio explícito do movimento negro; somente treze anos depois, em 1996, a atenção dos ativistas e intelectuais se voltaria efetivamente para a proposta de políticas positivas, afirmativas ou compensatórias[115]. Antes disso, em 1991, atendendo à demanda por políticas públicas específicas de combate ao racismo articulada por negros organizados dentro e fora do PDT, seguindo a linha de atuação de Abdias Nascimento, o governador Leonel Brizola criaria a Secretaria de Defesa e Promoção das Populações Negras /Afro-Brasileiras do Governo do Rio de Janeiro, primeiro e único órgão executivo estadual voltado a esse fim antes da implantação do sistema PIR[116], e nomearia Abdias Nascimento titular.

---

115. Considero como marco dessa mudança o seminário internacional "Multiculturalismo e Racismo: O Papel da Ação Afirmativa nos Estados Democráticos Contemporâneos", realizado em Brasília, em 1996, organizado pela Secretaria dos Direitos da Cidadania do Ministério da Justiça. Em seguida, o presidente Fernando Henrique Cardoso criou o Grupo de Trabalho Interministerial coordenado pelo economista Hélio Santos, fato que resultou em parte da pressão política exercida pelo movimento negro ao realizar a Marcha Sobre Brasília no Tricentenário da Imortalidade de Zumbi dos Palmares em 1995.

116. Seis anos mais tarde, a administração Célio de Castro criou a Secretaria Municipal de Assuntos da Comunidade Negra da Prefeitura de Belo Horizonte (1997-2000), com a ativista comunitária e intelectual negra Diva Moreira como titular. Essa secretaria e a Sedepron/Seafro foram os únicos órgãos executivos antes do sistema PIR, já que os conselhos e coordenadorias são órgãos consultivos. Quinze anos após a criação da Sedepron, no bojo da criação da Seppir em 2003 e da realização das Conferências Nacionais de Políticas de Promoção da Igualdade Racial (Conapir) a partir de 2005, o sistema PIR começou a se estruturar com a instituição de órgãos afins em nível estadual e municipal.

Reflexões e Consequências

Na campanha eleitoral de 1986, Darcy Ribeiro concorreu pelo PDT ao governo do Rio de Janeiro. Dessa vez, o trabalhismo de Leonel Brizola foi derrotado, e a bancada federal eleita ficou menor. Abdias Nascimento foi candidato sob o lema "Negro Constituinte" e não se elegeu. Mas chegaram a Brasília outros deputados negros cujo compromisso com o movimento social antirracista formava parte de sua atuação parlamentar: Paulo Paim (PT-RS), Benedita da Silva (PT-RJ) e Carlos Alberto de Oliveira Caó (PDT-RJ). Esse grupo de três conformava uma participação ainda ínfima, porém maior que a solitária atuação de Abdias Nascimento na legislatura anterior. Representantes do movimento negro fizeram depoimentos às comissões parlamentares, e a Assembleia Constituinte aprovou alguns dispositivos propostos por esses parlamentares negros. Assim, a Constituição Cidadã de 1988 anuncia a natureza pluricultural e multiétnica do país, estabelecendo que o Estado proteja as manifestações da cultura afro-brasileira entre outras (Art. 215, § 1º); estabelece o racismo como crime inafiançável e imprescritível (Art. 5º, inciso XLII); preserva como patrimônio nacional os locais dos antigos quilombos e seus documentos (Art. 216, § 5); determina a inclusão das "contribuições das diversas culturas e etnias à formação do povo brasileiro" nas matérias de história do currículo escolar (Art. 242, § 1) e determina a demarcação das terras das comunidades remanescentes de quilombos (Art. 68, Disposições Transitórias).

A coincidência do Congresso Constituinte com o centenário da Abolição da Escravatura marcou essa época. Ao lado de outros ativistas do movimento negro, Abdias Nascimento participou da preparação das propostas levadas às comissões da Assembleia Constituinte. Ele teve forte atuação nas articulações que favoreceram a criação, no Ministério da Cultura, de uma Assessoria para Assuntos Afro-Brasileiros, e mais tarde de uma Comissão para o Centenário da Abolição da Escravatura. Em contraste àquela concebida pelo ministro do regime militar, esta comissão era liderada por ativistas e intelectuais negros, com destaque para o Memorial Zumbi e para o dr. Carlos Alves Moura, titular da Assessoria para Assuntos Afro-Brasileiros e depois presidente da Fundação Cultural Palmares, órgão que nasceu do compromisso de desenvolver o trabalho iniciado por essas duas instâncias.

Merece destaque um fator decisivo na realização desses avanços: o papel dos ativistas negros e do movimento social. No período focalizado neste capítulo, a imprensa dedicava pouquíssimo espaço à questão racial. Nas crônicas ou comentários de análise política, ainda menos atenção se prestava ao tema, e os raros exemplos tendem a omitir o fator do protagonismo negro. O deputado Abdias Nascimento registrou esse fato, se referindo a uma matéria assinada por Gláucio Soares[117] em que o autor comenta o desempenho do PDT nas eleições de 1982, à luz da noção de "socialismo moreno" cunhada pelo governador Leonel Brizola. O comentarista observa o desprezo que o tema merece da maioria dos analistas políticos, porque eles negam a questão racial ou sua relevância. Ele credita o sucesso do PDT em 1982, em parte, ao fato de ser o único partido que incluiu o tema oficialmente em seu programa político. O deputado Abdias Nascimento observa que, talvez em razão de foco exclusivo sobre o voto para governador, o autor da matéria "subestima a dimensão de ênfase e a coragem que o PDT demonstrou" em relação ao tema. Além disso, o deputado comenta que o autor reproduz o vício paternalista que ele mesmo observa, ao deixar de mencionar aqueles que atuaram para fazer da questão racial um fato político:

---

117. Gláucio Soares, O Charme Discreto do Socialismo Moreno, *Jornal do Brasil*, caderno especial, 10 jun. 1984. Documento do Acervo Ipeafro, Seção Atuação Política de Abdias Nascimento, Série Câmara dos Deputados, Dossiê: PDT.

A grande novidade nesse último pleito eleitoral, no que se refere à questão racial, foi a atuação de candidatos negros empenhados na defesa de seu povo contra o racismo. Sequer são mencionados, no decorrer da análise, nem os candidatos de campanhas anteriores, como a de 1960, citada como época em que o PTB foi "o único partido que levantara a questão racial, ainda que superficialmente". O fato de o PTB haver levantado a questão resultou de esforços humanos concretos – não de paternalistas bondosos –, esforços do próprio negro dentro do PTB. O mesmo ocorre com o PDT de hoje. Porém, na análise política, como sempre, esse fato fica encoberto, e o reconhecimento da questão racial é relegado a um "posicionamento partidário" abstrato e teórico, produto da bondade ou da lucidez da alta hierarquia do partido, "praticamente toda branca", segundo o autor. Como protagonista de todas as duas campanhas, eu devo testemunhar, a bem da verdade, que, não fosse a insistência dos negros dentro do partido, nem o antigo PTB, nem o atual PDT teriam assumido a questão racial como bandeira política.[118]

A atuação de Abdias Nascimento como único deputado federal negro no período legislativo anterior à Constituinte ajudou a abrir caminhos para os parlamentares afro-brasileiros que o sucederam e para o movimento social. Assim ele honrou o papel que assumia – o de boi de piranha. Seus contemporâneos testemunharam esse fato. O deputado Sérgio Lomba (PDT-RJ) comentou:

Nobre Deputado Abdias Nascimento, permita-me dizer só uma frase: a luta vale pela sua luta. Tenho certeza de que os colegas Deputados que aqui confrontam V.Exa. não o fazem por má-fé ou má vontade: é que ainda não perceberam, como muitos já têm percebido, através da sua luta, o que V.Exa. está dizendo. Eu, particularmente, já consegui entender a luta de V.Exa. e tenho certeza de que, até o final de seu mandato, V.Exa. vai mudar muitas cabeças, nesta Casa[119].

---

118. *Diário da Câmara dos Deputados*, 16 jun. 1984, p. 5.922; *Combate ao Racismo*, v. 3, p. 33-34.
119. *Diário da Câmara dos Deputados*, 22 mar. 1985, p. 1.582; *Combate ao Racismo*, v. 5, p. 14.

O deputado Celso Peçanha (PTB-RJ) deu outro testemunho:

V.Exa. tem sido um dos líderes mais destemidos na campanha que visa a apontar à civilização brasileira os valores do negro ao longo de sua História, o serviço que ele prestou ao País, e no combate – verberando com todo ardor à segregação racial que procura afastar os homens de cor da nossa comunidade. Não só desta tribuna, mas também em conferências, no Brasil e no exterior. V.Exa. se tem revelado um bravo lutador, que a História há de registrar como um dos mais arrojados. Hoje, pela manhã, quando telegrafava ao Presidente da comissão responsável pela realização do tombamento em homenagem a Zumbi, eu recordava o destemor com que V.Exa. tem agido nesta Casa em favor da raça negra. [...] V.Exa. há de ficar com seu nome marcado, porque a obra que se há de inaugurar e instaurar dentro em breve tem o dedo forte e firme de V.Exa.[120]

---

120. *Diário da Câmara dos Deputados*, 14 nov. 1985, p. 13.748; *Combate ao Racismo*, v. 6, p. 59-60.

Abdias Nascimento, então secretário do governo de Leonel Brizola, recebe Nelson Mandela no Rio de Janeiro, em 1991. Arquivo da autora.

5. SENADO, SECRETARIAS DE ESTADO, ATIVISMO INTERNACIONAL (1987-2006)

Abdias Nascimento realizou como deputado federal, na legislatura anterior à Constituinte de 1988, um trabalho "preparatório para as futuras conquistas da população afro-brasileira, trazendo àquela casa o dimensionamento do racismo e da discriminação racial como questão nacional, e não apenas como um suposto 'problema do negro'"[1]. As medidas propositivas de seus projetos de ação compensatória, apresentados em 1983, abriram o precedente de uma proposta que ainda levaria 13 anos para ser debatida com seriedade no âmbito federal: a adoção de políticas públicas de combate ao racismo. Essa proposta se materializaria em nível nacional, de forma tímida e eventual,

---

1. A. Nascimento; É. Semog, *O Griot e as Muralhas*, p. 178-220. Quando não identificados de outra forma, os trechos transcritos são dessa fonte. Sobre o mandato de deputado federal, ver capítulo 1.

a partir de 2001[2]; se concretizaria na Lei 10.639 e criação da Seppir em 2003, e nas políticas de cotas; levaria mais uma década para se consolidar mediante decisão do Supremo Tribunal Federal, que estabeleceu a constitucionalidade das cotas em abril de 2012.

No Rio de Janeiro, em grande parte como resultado do trabalho de Abdias Nascimento, o princípio das políticas públicas antirracistas foi colocado em prática bem antes, em 1991, quando o governador Leonel Brizola criou a Secretaria Extraordinária de Defesa e Promoção das Populações Negras. Trata-se do único órgão executivo estadual concebido para esse fim antes do início do sistema PIR[3]. Abdias Nascimento exerceria o mandato de senador e atuaria em diversos campos no período que se estende até seus 90 anos. Neste capítulo, abordamos parte de sua atividade nesse período, procurando situá-la em seu contexto histórico.

A Luta Continua (1987-1991)

Em fevereiro de 1987, teve lugar na Universidade Internacional da Flórida, em Miami, uma conferência internacional de relevo em torno do tema "Negritude, Etnia e Culturas

---

2. O Ministério da Reforma Agrária anunciou um programa interno quando o Brasil participava na 3ª Conferência Mundial Contra o Racismo realizado em Durban, África do Sul.

3. A partir de 1983, alguns governos estaduais e municipais criaram órgãos consultivos como o Conselho de Participação e Desenvolvimento da Comunidade do Estado de São Paulo. O único órgão executivo (além da Sedepron/SEAFRO/RJ) foi a Secretaria Municipal de Assuntos da Comunidade Negra (Smacon), criada na Prefeitura de Belo Horizonte em 1997 e extinta em 2000, cuja titular foi a incomparável ativista e intelectual Diva Moreira. O sistema PIR se construiu a partir de 2005, com a realização das Conferências Nacionais de Políticas de Promoção da Igualdade Racial (Conapir) organizadas pela Seppir/PR, incentivando a criação de órgãos estaduais e municipais. Na maioria dos casos, pode-se discutir até que ponto os órgãos desse sistema são efetivamente executivos, já que, em quase todos os casos, eles dispõem de recursos ínfimos, precária infraestrutura e pouquíssimo prestígio político.

Afro nas Américas". Foi um encontro de lideranças, intelectuais e homens e mulheres de cultura em homenagem a Aimé Césaire, Léopold Senghor e Maya Angelou, organizado pelo etnólogo Carlos Moore. Abdias Nascimento e Lélia Gonzalez representaram o Brasil junto às mais de duas mil e quinhentas pessoas que se congregaram, vindas de países como Peru, Quênia, Costa Rica, Honduras, Panamá, Senegal, Jamaica, Colômbia e Nicarágua. Entre outros, estavam presentes Manuel Zapata Olivella, John Henrik Clarke, Rex Nettleford, Mari Evans, Ruth Simms Hamilton e Victoria de Santa Cruz. A confraternização desses destacados intelectuais e ativistas com a sofrida comunidade negra de Miami fez com que o evento guardasse o clima inspirador de esperança e compromisso que brota da tradição de luta dos povos africanos. Nos anais se constata a confluência da noção de negritude com a do pan-africanismo[4].

Em maio desse mesmo ano, o bispo Desmond Tutu, da África do Sul, visitou o Brasil. Em encontro com o movimento social negro do Rio de Janeiro, Abdias Nascimento lhe fez uma saudação de boas-vindas. Falou dos esforços empreendidos pelo rompimento das relações com o regime do apartheid e do abaixo-assinado com setenta mil assinaturas que, como deputado federal, ele entregara à Comissão de Relações Exteriores da Câmara dos Deputados. Falou da situação de apartheid *de fato* vivida pela população negra do Brasil e comentou: "Talvez o maior testemunho do racismo brasileiro seja o fato de o governo ter recusado a sua visita às comunidades negras no seu próprio ambiente de vida", onde certamente o Bispo Tutu teria oportunidade de testemunhar a semelhança das condições de vida com as dos *townships* sul-africanos.

No final do mesmo ano, houve em Dacar, Senegal, o simpósio "Pan-Africanismo e o Mundo Africano", preparatório do Festival de Cultura Pan-Africana, em que

---

4. Ver C. Moore (org.), *African Presence in the Americas*.

Abdias Nascimento participou como membro da direção internacional do Memorial Gorée, organização dedicada ao projeto de preservação e construção de um memorial aos africanos escravizados na ilha senegalesa que serviu como entreposto do comércio escravista. No ano seguinte, ele proferiu palestra inaugural do ciclo de conferências anuais do Centro W.E.B. Du Bois de Cultura Pan-Africana, em Acra[5]. Eu e nosso filho, então ainda pequeno, Osiris, o acompanhamos em Gana e Senegal, compartilhando a hospitalidade africana e sentindo a história gravada no chão que pisávamos. Inesquecível foi a visita à fortaleza de El Mina, em Gana, onde o guia turístico que fazia sua apresentação de praxe, em inglês, teve a rotina violentamente sacudida pelo grito repentino de angústia e dor que Abdias soltou com sua costumeira desenvoltura em português, ao testemunhar as condições em que as ancestrais cativas aguardavam seus destinos. Igualmente memorável foi Kumasi, antiga capital da terra asante, em cujo Centro Nacional de Cultura encontramos os cartazes com os *adinkra* que dariam nome ao curso e mote às exposições do Ipeafro[6].

Em 1989, Abdias Nascimento passou um mês em Luanda como convidado do governo de Angola e consultor da Unesco para assuntos culturais. O convite foi feito por intermédio do embaixador Domingos Van Dunem, representante angolano junto à Unesco em Paris e tio do incomparável músico e escritor Mário de Souza Clington[7]. Realizando conferências e dando aulas sobre teatro, Abdias Nascimento conheceu o programa das línguas nacionais e testemunhou a crueldade da guerra civil que sangrava o país. Mais tarde, ele registraria essa emoção na pintura *Baía de Sangue* (*Luanda*).

---

5. A. Nascimento; E.L. Nascimento, *Africans in Brazil*, p. 81-117.
6. L.C. Gá; E.L. Nascimento, *Adinkra: Sabedoria em Símbolos Africanos*; *Abdias Nascimento Memória Viva*; *África-Brasil: Ancestralidade e Expressões Contemporâneas*, catálogos, exposições Ipeafro.
7. Mário de Souza Clington é autor do livro *Angola Libre?*

As iniciativas do mundo africano no sentido de criar mecanismos de comunicação e intercâmbio não cessavam. Abdias Nascimento foi convocado novamente, desta vez pela ministra de cultura de Burkina Faso, que em visita ao Brasil o convidou para participar da direção internacional e do encontro constitutivo do Instituto dos Povos Negros (IPN), em Ouagadagou. Tratava-se de um projeto do revolucionário presidente Thomas Sankara[8] instituído com apoio da Unesco. O IPN não teve maiores desdobramentos em longo prazo, mas essa iniciativa e tantas outras semelhantes marcaram e continuam marcando a vocação dos povos negro-africanos espalhados pelo mundo no sentido de procurar viver de forma profícua e positiva sua ancestralidade e identidade em comum. Hoje a diáspora constitui a sexta região administrativa da União Africana (antiga Organização de Unidade Africana).

Nesse período, Abdias Nascimento atuou como *scholar* visitante na Universidade Temple, em Filadélfia, EUA, no programa de pós-graduação do Departamento de Estudos Afro-Americanos. Trata-se do primeiro curso de doutorado nessa área, fundado por Molefi Kete Asante. Vinte anos depois, durante o Festival de Herança Africana de Lagos de 2013, participei de uma mesa com o professor nigeriano Adeniyi Coker, que leciona na Universidade do Estado de Missouri (EUA). Ele relatou que participara

---

8. Thomas Isidore Noël Sankara (1949-1987), conhecido como "o Che Guevara da África", foi primeiro-ministro quando o país ainda se chamava Alto Volta, de 10 de janeiro a 17 de maio de 1983, e o quinto presidente da república de Alto Volta e o primeiro de Burkina Faso, de 4 de agosto de 1984 a 15 de outubro de 1987, quando foi assassinado durante o golpe de Estado liderado por Blaise Campaoré. Na hora de sua morte, Sankara tinha o salário mensal de 450 dólares e possuía um carro, quatro motos, três guitarras, uma frigideira e um freezer quebrado. Baseado na democracia participativa, seu governo combateu a corrupção e estimulou a educação, a agricultura e aumentou os direitos da mulher. No entanto, provocou forte oposição entre os líderes tradicionais, os governos ocidentais e a pequena, porém poderosa, classe média do país. Uma semana antes de sua morte, ele declarara "Um revolucionário pode ser assassinado, mas não se consegue matar as ideias".

como aluno do seminário de pós-graduação ministrado por Abdias Nascimento, que o marcou profundamente. Foi a primeira vez que ele viu uma autoridade acadêmica tecer referência aprofundada, de forma respeitosa, valorizando a cultura religiosa de sua ancestralidade, a ioruba, no contexto de uma abordagem da história e cultura do mundo africano.

Nova Conjuntura no Brasil e no Mundo

O mês de novembro de 1989 marcou a história. Na Europa, a queda do Muro de Berlim simbolizava o fim da Guerra Fria e o início de desmantelamento da rígida polarização ideológica que dominava o pensamento hegemônico nos dois extremos, comunista e capitalista. Na União Soviética, Mikhail Gorbachev implantava suas políticas *perestroika* e *glasnost*[9], desacelerando o investimento em tecnologia militar e aeroespacial que sustentava a corrida armamentista e a disputa da chegada ao espaço contra os Estados Unidos e os países da Europa Ocidental unidos na Otan. As mudanças de regime nos países do Pacto de Varsóvia quebravam a hegemonia do bloco soviético. Na China, as reformas econômicas seguiam em pleno curso; havia poucos meses, em junho, o regime de Deng Xiaoping reprimira com violência os protestos por democracia política na Praça Tian'anmen (de Paz Celestial). Ao lado do Japão, marcava o cenário a ascensão no Oriente dos "tigres asiáticos" (Hong Kong, Taiwan, Coreia do Sul, Singapura) por meio de rápido processo de industrialização baseada na exportação.

A África, por sua vez, sofria uma crise generalizada. Muitos países estavam em guerra ou pressionados pelas políticas de ajuste impostas pelo Banco Mundial e o Fundo Monetário Internacional, cujos resultados foram

---

9. *Perestroika* significa reconstrução; *glasnost* indica a noção de transparência. Assim, os dois conceitos resumiam os objetivos de reforma econômica e política proposta por Gorbachev.

"um fracasso deprimente" do ponto de vista econômico. Nos anos 1980, a África sofreu uma "década perdida", com a renda per capita no ano de 1990 abaixo da registrada em 1980[10]. Por outro lado, Nelson Mandela seria libertado da prisão em 11 de fevereiro de 1990, dando início à transição para um regime democrático na África do Sul, e a Namíbia alcançaria sua independência um mês depois disso, em 21 de março de 1990.

Emergia, enfim, uma nova conjuntura mundial, a chamada globalização. Na essência ela significava a mutação continuada e a continuidade em mutação dos esquemas do poder econômico instituído pela concentração do capital com base na exploração do comércio escravista no período da expansão e industrialização europeia e consolidado no colonialismo por meio de um bruto aparato de repressão bélica, cultural, educacional e institucional. Ou seja, a espoliação dos recursos do continente africano e a comercialização de sua população escravizada sustentaram historicamente a riqueza que agora transitava nos impulsos eletrônicos de fluxos transnacionais virtuais. O aparato neocolonialista continuava operando, modificado e modificando-se, a despeito dos processos de descolonização e independência dos países do chamado terceiro mundo. Ao mesmo tempo, a nova conjuntura criava oportunidades para a emergência, a ocupação de espaços e a conquista de sucessos por parte de novos atores globais.

No Brasil, o momento era de consolidar a Constituição Cidadã de 1988, tanto por meio das assembleias constituintes de estados e municípios como na ampliação dos espaços e das formas de atuação da sociedade civil organizada. O movimento negro crescia em sua capacidade

10. A frase "década perdida para a África", atribuída ao professor Kankwenda Mbaya, proeminente economista que serviu como chefe do Programa de Desenvolvimento das Nações Unidas (UNDP) para a África, resume a análise da Comissão Econômica sobre a África da ONU. R. Jolly, ECA: Fighting to be Heard (2009), p. 3; C.O. Ribeiro, As Relações Brasil-África Entre os Governos Collor e Itamar Franco, *Revista Brasileira de Ciência Política*, n. 1, p. 295.

de articulação com movimentos sindicais e desenvolvia o conceito de reparação na forma de políticas públicas. As mulheres negras se destacavam em sua mobilização com lideranças e organizações fortes[11]. As comunidades quilombos começavam a se organizar pela efetivação dos direitos estabelecidos no Artigo 68 das Disposições Transitórias da Constituição de 1988. Crescia a articulação com organizações negras em outros países das Américas, como o Movimento Manuel Congo, que em 1990 hospedaria em Lima, Peru, o Seminário Pró-Direitos Humanos.

Um dos principais fenômenos daquele momento histórico foi a alarmante onda de violência e massacre contra crianças e adolescentes negros, matéria de denúncias e protestos de vários setores e entidades da sociedade civil. O Movimento Nacional de Meninos e Meninas de Rua, o Instituto Brasileiro de Análises Sociais e Econômicas (Ibase) e o Núcleo de Estudos de Violência da Universidade de São Paulo publicaram pesquisa mostrando que os assassinatos cresceram da taxa de uma criança a cada dois dias em 1989 para 457 num período de seis meses em 1990[12]. Concretizava-se de forma cada vez mais nítida a caracterização do genocídio denunciado por Abdias Nascimento desde a Nigéria na sua comunicação ao Colóquio do Festac '77[13].

No mês de novembro de 1989, o Brasil realizava as primeiras eleições diretas para presidente do país após 39 anos, desde a eleição, em 1960, de Jânio Quadros e João Goulart. As candidaturas de Leonel Brizola (PDT), e de Luiz Inácio Lula da Silva (PT-PSB-PCdoB) se apresentavam

---

11. Geledés (São Paulo), Criola (Rio de Janeiro) e Maria Mulher (Rio Grande do Sul), para citar apenas três entre inúmeros exemplos que desembocariam, mais tarde, na Articulação de Mulheres Negras.
12. Livro Denuncia 457 Homicídios de Crianças em Apenas 6 Meses, *Jornal do Brasil*, 3 abr. 1991, 1º Caderno, p. 13. O livro foi entregue aos ministros da Justiça (Jarbas Passarinho), da Saúde (Alceni Guerra) e das Relações Exteriores (Francisco Rezek) em solenidade no Congresso Nacional.
13. Ver A. Nascimento, *O Genocídio do Negro Brasileiro*.

como propostas de esquerda contra adversários de direita como Paulo Maluf (PDS) e de partidos oriundos de diversos setores da oposição ao regime militar como Mário Covas (PSDB), Ulysses Guimarães (PMDB) e Fernando Gabeira (PV). Entretanto, talvez a maior força eleitoral fosse a rede de comunicações Globo, que em 1982, além de censurar a figura de Leonel Brizola, fora acusada de apoiar a tentativa de fraude executada pela empresa Proconsult. No primeiro turno de 1989, a Rede Globo novamente manipulou de forma negativa a imagem de Brizola. Os efeitos perduram até hoje. Consultando as informações disponíveis na internet, verificamos que a esmagadora maioria dos registros cita como "principais candidatos" apenas Lula e Collor. Entretanto, Lula e Brizola praticamente empataram em segundo lugar no primeiro turno, com 16,08% e 15,45% dos votos, respectivamente; Collor ficou com 28,52% dos votos[14]. A interferência da Rede Globo também marcou o segundo turno, sobretudo nas reportagens sobre o último debate, manipuladas em favor de Collor, que venceu a disputa com 49,94%. Vinte anos depois, ele deu entrevista confirmando que a relação com a Rede Globo o ajudou naquela vitória[15].

No ano seguinte se deram as eleições estaduais. Fato inédito foi a eleição, pelo PDT, de dois governadores negros: Alceu Collares no Rio Grande de Sul e Albuíno Azeredo no Espírito Santo. Ao disputar um segundo mandato no governo do Estado do Rio de Janeiro, Brizola venceu por esmagadora maioria, com 61% dos votos. Na chapa do PDT para o Senado estavam três nomes: Darcy Ribeiro, Doutel

---

14. W.C. Porto, *Dicionário do Voto*. Brasília: Universidade de Brasília, 2000, apud Wikipédia, Eleição Presidencial no Brasil em 1989; disponível em: <http://pt.wikipedia.org/>.
15. "Ajudou, sem dúvida nenhuma ajudou. Ajudou bastante", Collor afirma, e conta que "Em algumas conversas, [Roberto Marinho] chegou a mim e disse: meu filho: acho que você está muito irritado, você não deve usar certos termos, isso está indo contra você". H.C. Sereza, Relação Com a Globo "Ajudou Bastante", UOL Notícias, Brasília, 15 nov. 2009; disponível em: <http://noticias.uol.com.br/especiais/>.

de Andrade[16] e Abdias Nascimento. Eles concorriam sob o entendimento de que o mandato pertencia ao partido e seria exercido em regime de revezamento. Brizola contava com Darcy Ribeiro em seu governo para coordenar a política de educação dos Cieps[17]. Doutel de Andrade faleceu em 7 de janeiro de 1991, dois meses antes da posse do governador[18]. No mês seguinte, fevereiro de 1991, Darcy Ribeiro tomou posse na cadeira do PDT no Senado Federal. O governador Brizola assumiu o cargo no dia 15 de março e exatamente quinze dias depois estava criada a Sedepron[19].

Secretaria de Defesa e Promoção das Populações Afro-Brasileiras

Os registros da campanha de 1990 revelam o compromisso com a causa antirracista e a preocupação de Brizola diante da situação singular de extermínio sistemático de negros[20].

16. Líder do PTB em 1966, o deputado Doutel de Andrade comandou a resistência dos parlamentares quando os militares invadiram e fecharam o Congresso Nacional. Cassado pelo Ato Institucional n. 2, após a anistia de 1979 ele foi um dos principais construtores do PDT e seu primeiro vice-presidente. Sua oratória luminosa se enraizava em uma sólida cultura clássica. Como jornalista, desde a década de 1940 era amigo de Abdias Nascimento e com ele convivera.
17. O Centro Integrado de Educação Pública (Ciep) é um conceito de ensino que envolve abrigo, alimentação, educação física e horário integral. Com projeto pedagógico de Darcy Ribeiro e design arquitetônico de Oscar Niemeyer, os Cieps marcaram a gestão de Leonel Brizola no governo do estado do Rio de Janeiro (1982-1987; 1991-1994).
18. Os mandatos dos governadores em exercício sob a Constituição anterior encerravam em 15 de março. Os governadores eleitos, que assumiriam em 1º de janeiro de acordo com a Constituição de 1988, instalaram equipes de transição e iniciaram o exercício do cargo em 15 de março de 1991.
19. Decreto n. 16.529 de 1º abr. 1991, *Diário Oficial Governo do Estado do Rio de Janeiro*, 2 abr. 1991, p. 3. O nome foi modificado em 1993, tornando-se Seafro ao substituir "Negras" por "Afro-Brasileiras" (Decreto n. 19.067 de 29 set. 1993, *Diário Oficial Governo do Estado do Rio de Janeiro*, 30 set. 93, p. 2).
20. Um exemplo foi o ato do movimento negro em que Brizola, indignado, observou em empolgado discurso: "Quando dizem: 'Pega ladrão!', ▶

Abdias Nascimento intermediou uma audiência de representantes do movimento negro com o governador, que recebeu em 1º de abril uma comissão com parlamentares negros de todos os níveis – a deputada federal Benedita da Silva; Marcelo Dias, deputado estadual; e o vereador Edson Santos – e representantes de entidades negras empenhadas no processo de mobilização do 1º Encontro Nacional de Entidades Negras a realizar-se em São Paulo[21]. Estes procuravam apoio para o deslocamento de participantes do Rio de Janeiro. Éle Semog relata[22]:

[Brizola] agradeceu pela nossa presença e inicialmente falou-nos da importância do professor Abdias Nascimento na luta contra o racismo e da sua influência para que o PDT erguesse a bandeira contra o racismo e a discriminação racial. Ao receber o material da campanha "Não Matem Nossas Crianças", promovida pelo Centro de Articulação das Populações Marginalizadas (Ceap), Brizola falou-nos da sua intolerância para com os esquadrões da morte e da forma mesquinha como os empresários se associavam a gente tão vil, pensando produzir uma justiça acima da Lei e de Deus. Explicou o significado dos Cieps para as populações negra e pobre e expressou irritação com o que o governo anterior fizera com um dos maiores projetos educacionais que o Rio de Janeiro e o Brasil já tiveram. A solicitação para que o governo do Estado liberasse os ônibus para a ida ao encontro de São Paulo foi acolhida de maneira gentil, ao mesmo tempo que Brizola afirmava que o governo do Estado tinha que criar um órgão para atuar mais diretamente em relação às questões da população negra: "Vamos criar uma Secretaria de Defesa e Promoção das Populações Afro-Brasileiras, e o Abdias vai ser o secretário". Ficamos todos atônitos, surpresos – eu, os companheiros de movimento

▷ a polícia corre atrás do negro, deixando o branco inteiramente à vontade" e indagou o porquê de "as prisões, por trás de seus muros, conterem uma maioria de negros; nas favelas, 90% dos que vivem lá são nossos irmãos negros; são em alta porcentagem, senão 90% de jovens negros que tombam vítimas dos grupos de extermínio, dos esquadrões da morte". Videodocumentário *Abdias Nascimento, Momentos Políticos* (Ipeafro, 2006).
21. Abdias Vai Para Secretaria e Darcy Permanecerá no Senado", *Jornal do Brasil*, 2 abr. 1991. Acervo Ipeafro, Seção Atuação Política, Série Sedepron/Seafro, Dossiê: Recortes e Notícias.
22. A. Nascimento; É. Semog, *O Griot e as Muralhas*, p. 182.

negro e o próprio professor Abdias Nascimento –, ao ver ali concretizada uma proposta que ele havia articulado e a Secretaria do Movimento Negro do PDT apresentado ao Congresso do partido realizado em 1983 em Nova Iguaçu.[23]

Certamente, o governador Brizola já decidira criar a secretaria antes e julgou adequado comunicar a decisão ao futuro secretário durante esse encontro, na presença dos parlamentares negros e representantes do movimento social; daí o fator "surpresa".

A posse de Abdias Nascimento concretizou a expectativa contida nesse gesto de Brizola: em 10 de abril o Palácio Guanabara transbordava de gente, tal foi a resposta da população negra e sociedade civil[24]. O clima era de euforia e esperança. O discurso de Abdias Nascimento[25], um texto rico, inicia invocando os ancestrais "nas pessoas de lutadores como as rainhas Nzinga e Yaa Asantewaa, Zumbi dos Palmares, Luiz Gama e Luísa Mahin: Axé Babá!", e prossegue:

Há mais de um século, no tempo do império, com os africanos ainda escravizados, o deputado afro-brasileiro Antônio Rebouças, pai do engenheiro André Rebouças, que representou na Câmara dos Deputados o Estado da Bahia, de 1830 a 1873, criticava Dom Pedro II, afirmando que o Gabinete de Ministros do poder real não possuía legitimidade porque não contava com nenhum representante da população africana no Brasil. Alguém no plenário argumentou que o fato se devia à ausência de afro-brasileiros qualificados para tal posição. Rebouças replicou no ato: "Eu estou aqui, e ninguém me convidou!"

Pudera. Não nos enxergam. Desde sempre os afro-brasileiros vêm vivendo esta condição de invisibilidade, retratada de maneira pungente pelo escritor afro-norte-americano Ralph Ellison no seu romance *O homem invisível*. Creio que o dia de hoje ficará na

23. Documento do Acervo Ipeafro citado no capítulo 3, nota 69.
24. Registro audiovisual, Site Ipeafro – Acervo Digital – Vídeos; disponível em: <http://ipeafro.org.br/>. O jornal *O Globo*, notoriamente adversário de Leonel Brizola e de Abdias Nascimento, estimou que "cerca de mil pessoas compareceram à posse" e registrou a presença do embaixador de Gana "e de todo o corpo consular". Estava presente, entre outros, o ministro plenipotenciário da Nigéria, Olu Olusanmokun.
25. Rio de Janeiro (Seafro), *Nova Etapa de uma Antiga Luta*, p. 9-15.

história como o dia em que o afro-brasileiro se tornou visível: estamos aqui, no coração do palácio, participando do Secretariado do Estado de um Governador que, com sua visão de estadista, finalmente nos enxergou e compreendeu o sentido maior da denúncia secular do deputado Antônio Rebouças.

Cumprimentando o embaixador da República de Gana, o novo secretário se refere ao presidente Kwame Nkrumah, pensador e lutador pan-africanista: "A presença de Gana aqui, na pessoa do Embaixador Michael Hamenoo, sinaliza a solidariedade e a fraternidade entre o nosso país e os países e povos de toda a África." Diz que a Secretaria pretende "colaborar com os setores da sociedade civil empenhados em aprofundar os laços dessa solidariedade" e lembra que há gestões "bem adiantadas" no sentido de receber no Brasil o líder sul-africano Nelson Mandela e uma delegação do Comitê Constitucional do ANC, que deseja conhecer o processo brasileiro de transição democrática (em julho do ano anterior Abdias Nascimento havia sido convidado a integrar a comissão de recepção a Nelson Mandela no Rio de Janeiro[26].)

Ele comenta que "as elites minoritárias, ao definir participação do africano na Nação brasileira, costumam falar da 'contribuição' ou da 'infiltração' do negro a um todo que, implicitamente, lhe seria estranho", mas quando se referem à nacionalidade brasileira "dizem que somos um país ocidental, de civilização latina, enfim: um país europeu". E afirma: "o negro não aceita mais essas definições. Não somos infiltradores, nem contribuímos para uma nação que pertence a outros. Não. Esta nação é nossa também; foi construída pelos nossos ancestrais, e dela não abrimos mão".

O secretário avalia que a questão do negro é de cidadania e reparação. O ponto de partida para ambos os objetivos ele apresenta assim: "Esta Secretaria recolhe o exemplo de toda

---

26. Carta do prefeito Marcello Alencar a Abdias Nascimento em 31 jul. 1990. Documento do Acervo Ipeafro, Seção Atuação Política, Série Sedepron/Seafro, Dossiê: Correspondência.

a comunidade negra, conforme o testemunho da história, e planta o seu axé sobre a pessoa da mulher afro-brasileira", a mais sofrida, alvo do racismo que "personifica a resistência, a fibra e a combatividade da comunidade negra".

Sobre as políticas que pretende implantar, diz que tudo será feito para evitar que a Secretaria se torne um gueto. Trabalhará em "estreita cooperação recíproca" com outros órgãos e secretarias do Governo do Estado.

Teremos de colaborar com a Secretaria de Educação, dirigida por nossa antiga aliada, a professora Maria Yedda Linhares, e com os Cieps, as escolas de todos os graus e a UERJ, a fim de assegurar oportunidades de estudo [...], limpar os currículos escolares e os livros didáticos das versões negativas sobre os africanos [e] propiciar o ensino do que realmente foram e são a cultura, a história e as civilizações construídas pelos povos africanos e sua contribuição para a ciência, a tecnologia, as artes, a filosofia e o saber universal.

Junto à Secretaria de Justiça, com o Vice-Governador Dr. Nilo Batista (um antigo aliado à nossa causa), pretendemos elaborar e implantar projetos de atendimento jurídico às pessoas vitimadas pela discriminação; [agilizar] a investigação e punição dos responsáveis pela violência contra a criança e a família negras; abrir novas perspectivas de ação junto aos presos e egressos das penitenciárias.

Queremos colaborar com as Secretarias de Polícia Civil e Militar no sentido de desenvolver programas antirracistas de melhoramento das relações e de mútuo entendimento entre a polícia e a comunidade negra.

Com respeito ao meio ambiente, afirma que a cosmologia africana prima pela convivência harmoniosa do ser humano com as forças da natureza e que espera "concretizar a efetiva participação da comunidade afro-brasileira" na Conferência da ONU sobre Meio Ambiente e Desenvolvimento Sustentável, a Rio-92.

O governador Brizola responde saudando o secretário pela "demonstração da sua cultura, do seu saber, do alto nível do seu espírito público", e diz:

Vem o nosso Abdias, depois dessa trajetória que percorreu conosco, ocupar esta função que, a rigor, surgiu como uma necessidade

imperiosa diante de tantas angústias que vivemos nestes dias – quando aquela tradição brasileira, aquela forma encoberta de discriminação, passa a adquirir aspectos monstruosos em nosso País. [...]
Esta prática discriminatória secular – que se desenvolve em nosso país cada vez com maior sofisticação, cada dia com maior eficácia, criando figuras, falsos argumentos, encobrindo uma convivência profundamente injusta – vem, agora, adquirindo aspectos que o processo social vem revelando todos os dias e que hão de ter força para convencer aquelas mentes insensíveis, empedernidas, que até o momento não compreenderam este estado de coisas intolerável em nosso país. [...]
Finalmente, eu quero agradecer a presença de todos vocês. Este ato vai ficar aqui, acamando estas paredes. Talvez estes salões não tenham realizado, até hoje, um ato de maior expressão histórica do que este [...]. Não é a simples investidura de um Secretário de Estado. Através dela, com a figura do nosso companheiro Abdias, nós estamos investindo numa missão que há de ser uma bússola na busca de caminhos.[27]

Logo depois de criar a secretaria, o governador enviou à Assembleia Legislativa mensagem propondo medida legislativa estabelecendo sanções administrativas aplicáveis a qualquer tipo de discriminação[28]. Com essa medida, ele procurava reforçar a atuação da secretaria, garantindo-lhe embasamento jurídico para sua ação.

Os meios de comunicação reagiram à notícia com informações distorcidas e artigos e editoriais contrários[29] que mereceram a seguinte resposta do secretário:

A quem vive na pele a condição de descendente dos africanos escravizados no Brasil, não surpreende a atitude da chamada grande imprensa diante da criação pelo governador Leonel Brizola da Sedepron. Minimizar o impacto histórico de um gesto de tamanha coragem cívica, neste país de famigerada "democracia racial", revela-se uma postura não só previsível como necessária à preservação

27. Rio de Janeiro (Seafro), *Nova Etapa de uma Antiga Luta*, p. 17-22.
28. Lei n. 1.814, de 24 abr. 1991. *Diário Oficial do Estado do Rio de Janeiro*, 25 abr. 1991. Lei Contra o Racismo Divide a Baixada, *O Dia*, 14 abr. 1991, seção Grande Rio.
29. Acervo Ipeafro, Seção Atuação Política, Série Sedepron/Seafro, Dossiê: Recortes e notícias.

das próprias estruturas de dominação que há cinco séculos vêm mantendo a população afro-brasileira devidamente "no seu lugar".

Com a criação dessa Secretaria, o Governador Leonel Brizola entra na história como o primeiro político de expressão nacional que compreendeu a necessidade de políticas concretas para combater o racismo e agiu, instituindo um órgão governamental de primeiro escalão para atendê-la. O gesto surge como o fruto de anos de convivência e diálogo do Governador com movimentos afro-brasileiros, que o levaram à compreensão de que o apartheid brasileiro não se reduz a uma questão para debate acadêmico, mas exige uma urgente ação política.

Ao contrário do procedimento do Governador, a elite intelectual do país, que costuma se julgar detentora exclusiva da verdade sobre o assunto, cultiva o hábito de manter a rigorosa distância exigida pela "objetividade" acadêmica, formulando suas teses sobre o negro sem referência alguma às manifestações e iniciativas dos próprios afro-brasileiros. Estes ficam reduzidos apenas à condição de objetos imobilizados de pesquisa, destituídos do seu protagonismo humano. [...] O negro nunca deixou de lutar, e a sua atuação acumulada ao longo da história nacional culmina na criação da Sedepron. [...]

A Secretaria tem muito a fazer. Esperamos contar com o apoio e a compreensão dos setores mais esclarecidos da nossa opinião pública: aqueles que enxergam o afro-brasileiro como protagonista do processo histórico nacional.[30]

Na medida do possível, o secretário procurou neutralizar afirmações como a de que a secretaria iria criar "o isolamento privilegiado do negro, face ao mulato, ao caboclo, ao cafuso e ao índio, nesse caldeamento de raças que é o Brasil", fato que constituiria "discriminação, racismo de sinal trocado"[31]. Escreveu o secretário:

ser negro não é uma questão epidérmica. A cor da pele, em todos os seus variados matizes, funciona como distintivo da nossa origem africana. Mulato, cafuso, negro, escurinho, moreno: todos os eufemismos convergem para esta identidade, que as elites dominantes

---

30. A. Nascimento, Em Defesa das Populações Negras, *Jornal do Brasil*, 23 abr. 1991, p. 11.
31. Racismo, *O Globo*, 3 abr. 1991. Editorial.

no Brasil sempre quiseram renegar. Quando somos barrados do emprego ou encaminhados para o elevador de serviço, não apenas a cor da pele provoca a discriminação, mas, sobretudo, a identidade africana anunciada pela cor.[32]

Uma das primeiras medidas da secretaria foi a implantação de um serviço de registro de denúncias de discriminação e atendimento às vítimas. O balcão de assessoria jurídica atendeu 57 casos no período de agosto de 1991 até dezembro de 1992[33]. A Subsecretaria de Direitos e Cidadania desenvolveu um projeto de estudos jurídicos, visando ao aperfeiçoamento dos dispositivos antidiscriminatórios. Promoveu encontros com juristas e acadêmicos do direito[34] e formou uma comissão com representantes do Instituto de Advogados Brasileiros (IAB) e de várias entidades da sociedade civil[35]. Com base nesse trabalho, o secretário encaminhou ao eminente jurista dr. Evandro Lins e Silva, presidente da Comissão Nacional de Reforma do Código Penal, sugestões para a revisão dos "crimes raciais"[36].

32. A. Nascimento, Em Defesa do Negro, O Dia, 19 maio 1991.
33. Governo do Estado do Rio de Janeiro, Sedepron, Subsecretaria dos Direitos e da Cidadania, Relação de Atendimentos Desenvolvidos pelo Balcão de Assessoria Jurídica, 1991/1992. Acervo Ipeafro, Seção Atuação Política, Série Sedepron/Seafro, Subsérie Documentos administrativos internos, Dossiê: Balcão de Assessoria Jurídica.
34. Governo do Estado do Rio de Janeiro, Sedepron, Programa do Seminário Direitos Humanos Contra a Discriminação Racial. Promovido pela Sedepron em parceria com o Instituto dos Advogados Brasileiros (IAB) com participação do dr. Ricardo César Pereira Lira, presidente do IAB; Albuíno Azeredo, governador do Espírito Santo; professor João Luís Duboc Pinaud, vice-diretor da Faculdade de Direito da Universidade Federal Fluminense. Acervo Ipeafro, Seção Atuação Política, Série Sedepron/Seafro, Dossiê: Publicações Seafro.
35. Instituto de Estudo da Religião (Iser), Federação de Órgãos de Assistência Social e Educacional (Fase), Seminário Nacional de Estudantes Negros (Senun), Instituto Brasileiro de Análises Sociais e Econômicas (Ibase) e Centro de Estudos Afro-Asiáticos da Universidade Candido Mendes. O subsecretário dr. Oswaldo Barbosa coordenou esse projeto.
36. Governo do Estado do Rio de Janeiro, Seafro, Ofício GAB n. 335/93, 21 dez. 1993. Acervo Ipeafro, Seção Atuação Política, Série Sedepron/Seafro, Dossiê: Correspondências.

Outra frente de trabalho foi o projeto Integração Comunidade Afro-Brasileira e Polícia Militar do Estado do Rio de Janeiro, com o objetivo de desestimular o preconceito racial entre seus oficiais e praças ao promover seminários, palestras e debates junto à corporação e em suas unidades de ensino (Curso de Formação e Aperfeiçoamento de Praças, Escola de Formação de Oficiais, Curso de Aperfeiçoamento de Oficiais e Curso Superior de Polícia Militar).

Associada ao assassinato de crianças e adolescentes, a questão da esterilização forçada de mulheres, que incidia em primeiríssimo lugar sobre mulheres negras, mereceu a atenção da Sedepron ao realizar o Seminário Natalidade e Extermínio, com a participação de autoridades e de parlamentares como a deputada Lúcia Souto, integrante da CPI da Assembleia Legislativa sobre esterilização massiva de mulheres[37].

Essas iniciativas se ligavam estreitamente à presença da Seafro ao lado de outros órgãos públicos que prestavam serviços à população pobre e favelada nos Centros Comunitários de Defesa da Cidadania. O governo convocava o cidadão a "descobrir por que o funcionário público também é chamado de servidor público"[38] numa iniciativa pioneira, base para futuros programas nessas comunidades.

O último desdobramento desse conjunto de iniciativas da Sedepron foi a criação da Delegacia Especial para Discriminação Racial[39]. Em sua proposta, o secretário nota a

---

37. Governo do Estado do Rio de Janeiro, Sedepron, Programa-Convite, Seminário Natalidade e Extermínio, 17-18 dez. 1991. Acervo Ipeafro, Seção Atuação Política, Série Sedepron/Seafro, Dossiê: Documentos.
38. Defesa Civil, Defensoria Pública, IFP, Polícias Civil e Militar, Juiz de Direito, Santa Casa, INSS, Ministério Público, Banerj e outros. Governo do Estado do Rio de Janeiro, Vice-Governadoria, *Centro Comunitário de Defesa da Cidadania*, prospecto informativo. Acervo Ipeafro, Seção Atuação Política, Série Sedepron/Seafro, Dossiê: Documentos.
39. Governo do Estado do Rio de Janeiro, Atos do Poder Executivo, Decreto n. 19.585 de 26 jan. 1994. *Diário Oficial do Rio de Janeiro*, Ano XX, n. 18, 27 jan. 1994.

comprovada diferença no tratamento entre negros e brancos na situação de réus: "além de ser agravante para quem comete um delito, a cor negra é atenuante para o agressor quando a vítima a ostenta". Observa que a secretaria "recebe, encaminha e acompanha denúncias, a par de um trabalho educativo com as polícias militar e civil". Entretanto,

> Mesmo dotada de um corpo jurídico treinado [...], a Sedepron tem esbarrado nos mesmos obstáculos encontrados pelo cidadão comum afro-brasileiro em seu confronto com a discriminação e a humilhação raciais, dentre os quais sobressai a atuação dos responsáveis pelo registro das queixas nas delegacias. Dessa forma, como medida de caráter compensatório, corretivo e paradigmático, a criação de uma Delegacia Especializada em Crimes Raciais é instrumento de valor inestimável na busca de meios concretos para se transformar a legislação, de letra morta em mecanismo eficiente de reeducação [...][40].

A Delegacia inovaria na capacitação de operadores do direito para os casos de discriminação. Subordinada ao Departamento Geral de Polícia Especializada, a unidade da secretaria da Polícia Civil se instalou na Praça Tiradentes, no centro da cidade, em local de fácil acesso por meio de transporte público. O titular, delegado Alberto Oliveira Leite, iniciava seu trabalho com uma equipe de dezesseis policiais[41].

O programa Força Jovem da Sedepron visava gerar ocupação para jovens de 14 a 18 anos ou integrá-los no mercado de trabalho, além de dar assistência às suas famílias e oferecer-lhes orientação na atividade escolar. Complementado por Salas de Conversa pela Cidadania, sua ação alcançava vários municípios e regiões do estado.

Definida como uma das principais áreas de ação da secretaria, a questão do ensino da história e cultura de

---

40. Governo do Estado do Rio de Janeiro, Sedepron, Ofício GAB n. 201/93 de 11 ago. 1993, p. 2. Acervo Ipeafro, Seção Atuação Política, Série Sedepron/Seafro, Dossiê: Correspondências.
41. Nova Delegacia Vai Apurar Discriminação Racial, O Globo, 22 set. 1994. Registro em vídeo disponível em: <http://ipeafro.org>.

matriz africana mereceu a realização de um Fórum Estadual em parceria com a Universidade do Estado do Rio de Janeiro (UERJ) e as secretarias estadual e municipal de educação e de cultura. O relatório desse fórum se tornou uma referência para educadores, publicado em livro distribuído às bibliotecas públicas e às bibliotecas-polo do sistema de ensino[42]. Um segundo fórum foi realizado em 1993, também na UERJ. A Sedepron participou também do curso de extensão universitária Sankofa, desenvolvido pelo Ipeafro na UERJ com a participação dos embaixadores Francisco Romão da Silva (Angola) e Michael Hamenoo (Gana), e publicou o conteúdo em dois volumes ilustrados, também distribuídos às bibliotecas públicas e bibliotecas-polo do estado e do município[43]. Trabalhando em parceria com as secretarias locais de educação e cultura, a Sedepron/Seafro realizou atividades de formação para professores em diversos municípios e regiões do estado.

Nelson Mandela no Brasil

A Sedepron se inseriu no contexto internacional, inicialmente, no contexto da visita de Nelson Mandela ao Brasil. O secretário participou da 48ª conferência nacional do Congresso Nacional Africano (ANC) da África do Sul, a primeira após a libertação de Mandela. Oficialmente representando a sociedade civil a convite do ANC[44], Abdias Nascimento integrava a delegação do Comitê Brasileiro de Solidariedade aos Povos da África do Sul e Namíbia (Comáfrica), organização fundada pela sul-africana Jennifer Blajberg com seu marido Salomon. O Comáfrica

---

42. *A África na Escola Brasileira*, reproduzido no livro *Cultura em Movimento* (v. 2 da Coleção Sankofa, org. E.L. Nascimento); disponível em: <http://ipeafro.org.br/>.
43. *Sankofa: Resgate da Cultura Afro-Brasileira*, 2 v. (esgotado). Versão atualizada: Coleção Sankofa em quatro volumes, org. E.L. Nascimento.
44. O ANC não agia, naquele momento, como governo, portanto convidava agentes da sociedade civil.

vinha desenvolvendo trabalho no Brasil em articulação com o ANC. O secretário, por sua vez, havia recebido em 1982 a primeira representação do ANC a visitar o Brasil[45]; o governador Brizola o incumbiu de transmitir ao ANC a solidariedade do Estado do Rio de Janeiro.

A 48ª Conferência do ANC, realizada em Durban nos dias 2 a 7 de julho de 1991, foi um histórico reencontro dos líderes veteranos da luta contra o apartheid. Consignou uma nova etapa do ANC, que se organizava para participar do processo de democratização na perspectiva de assumir o poder. O presidente Oliver Tambo traçou, em seu pronunciamento, a trajetória histórica do exílio do ANC, de sua volta ao país e da libertação de Mandela, e propôs diretrizes para a fase de transição. Foi eleita a nova direção, com Mandela na presidência. Constituíram-se comitês especializados para articular as políticas do partido e preparar suas propostas para a nova Constituição e Carta de Direitos[46]. Para Abdias Nascimento,

Foi grande a emoção de nos sentarmos frente a frente com Mandela, que interrompeu uma sessão fechada da conferência para receber, com um caloroso "How are you, Mr. Nascimento?", os delegados da Comáfrica e o portador de uma mensagem de solidariedade do governador Leonel Brizola.[47]

Em seu discurso de abertura da Conferência, Nelson Mandela havia alertado para "a dupla face do apartheid", advertindo que os detentores do poder, ao suspender algumas

---

45. Na qualidade de vice-presidente e coordenador do 3º Congresso de Cultura Negra das Américas.
46. Oliver Tambo foi eleito presidente da Comissão Executiva Nacional; Walter Sisulu e Harry Gwala como vice-presidentes. Criaram-se comissões encarregadas de políticas sobre terra, política econômica, saúde e bem-estar social, governança local e regional, educação, uma nova Constituição e Carta de Direitos para a África do Sul, relações internacionais, desenvolvimento integrado, estratégias de informação e finanças. Informe do Comáfrica sobre a 48ª Conferência Nacional do ANC. Acervo Ipeafro, Seção Atuação Política, Série Sedepron/Seafro, Dossiê: Visita de Mandela, Documentos.
47. A. Nascimento, Mandela, *O Dia*, 30 jul. 1991.

leis segregacionistas, pretendiam manter seu domínio em um sistema de hierarquia racial disfarçado, com discriminação de fato e não de direito e com aparente respeito aos direitos humanos. Em sua saudação ao ANC, Abdias Nascimento compara essa perspectiva ao estilo brasileiro da "democracia racial". Os negros brasileiros "conhecem esta dupla face, pois fomos obrigados a conviver com ela por quase quinhentos anos, e isto significa que ainda não somos cidadãos plenos no país que construímos". Enfatizando que a população negra brasileira é a maior no mundo depois da Nigéria, mas uma elite minoritária monopoliza o poder e "usurpa os direitos humanos e civis da maioria", ele diz:

Porém, não nos submetemos a essa opressão do apartheid *soft* à brasileira, e nem desejamos essa má sorte para o povo da África do Sul de passar de um apartheid *hard* para um apartheid *soft*. Juntos, lutaremos contra a ideologia e a prática da chamada democracia racial, que no concreto significa aquela espécie de apartheid *soft* que nós combatemos no Brasil.[48]

Efetivamente, às vésperas da visita de Mandela ao Brasil, agendada para se iniciar no Rio de Janeiro em 1º de agosto, a África do Sul procedia "à implantação do apartheid ao estilo brasileiro, *soft*. A nova imagem propalada pelo regime já obteve o resultado desejado: a suspensão das sanções internacionais". Mas continuava intacto o sistema sob o qual o próprio Mandela não era cidadão do país, mas de "uma aberração intitulada Transkei, um dos bantustões inventados pelo regime racista para banir permanentemente os africanos da cidadania sul-africana"[49].

Quando Mandela partia para visitar vários países antes de chegar ao Brasil, a suspensão parcial das sanções

---

48. Comunicado à 48ª Conferência Nacional do ANC, apresentado pelo delegado do Comáfrica, professor Abdias Nascimento, Durban, 6 jul. 1991. Acervo Ipeafro, Seção Atuação Política, Série Sedepron/Seafro, Dossiê: Visita de Mandela, Documentos.

49. A. Nascimento, Mandela, *O Dia*, 30 jul. 1991.

internacionais em razão das concessões do regime e seu suposto compromisso com a democracia enfraquecia a posição do ANC. No primeiro dia da viagem, porém, o noticiário dava conta de um fato novo: o governo racista admitia financiar o Inkatha, partido negro rival ao ANC, apoio cujo efeito era fraudar o processo democrático. Mandela voltava a ocupar a posição moral e politicamente mais forte. A crise exigia de Mandela uma série de gestões, impondo mudanças na agenda da viagem e frustrando as expectativas de setores da sociedade civil brasileira que esperavam se encontrar com ele. Já havia uma orientação por parte do ANC e do Itamaraty no sentido de não sobrecarregar a agenda de Mandela[50]; essa agenda restrita ainda teve que ser revista. A cerimônia de reinauguração do Ciep que levava seu nome, em Campo Grande, foi adiada e radicalmente encurtada, deixando milhares de pessoas à espera durante horas[51]. O encontro com Mandela ficou para o showmício realizado pela Sedepron na Praça da Apoteose, a que compareceram 40 mil pessoas[52].

Na recepção oferecida pelo governador Brizola no Palácio Guanabara, Nelson Mandela disse ao público que o recebia: "Quando eu vejo seus rostos, tenho a sensação de estar em casa" porque "vocês apoiaram a luta contra o apartheid" e também "porque a mistura da população é idêntica à nossa própria. Em nosso país nós temos africanos, temos pessoas de origem mista, temos indianos e temos brancos." A diferença é que "vocês podem desfrutar

---

50. Rezek Anuncia Agenda Curta, *Jornal do Brasil*, 1º ago. 1991, Caderno Cidade, p. 3.
51. Mandela Chega ao Rio Hoje Mais Fortalecido, *Jornal do Brasil*, 1º ago. 1991, 1º Caderno; Rio Recebe Mandela Com Festa, *Jornal do Brasil*, 2 ago. 1991, Caderno Cidade.
52. Estado Fará Recepção a Líder Negro, *O Fluminense*, 21 jun. 1991. J.C. Netto, Rio Faz Showmício Com Samba e Desfile-Passeata Para Mandela, *Gazeta de Notícias*, 24 jul. 1991, p. 5. Mandela Atrai 40 Mil à Praça da Apoteose, *Jornal do Brasil*, 2 ago. 1991. Acervo Ipeafro, Seção Atuação Política, Série Sedepron/Seafro, Dossiê: Visita de Mandela, Recortes e Notícias. Outros artigos e notícias citados a seguir estão nesse dossiê.

dos recursos de seu país. [...] Nós ainda não chegamos a esta etapa. Estamos lutando, ainda, pela aceitação, por parte do governo, do princípio de 'uma pessoa, um voto, numa listagem única de eleitores'"[53].

Os meios de comunicação interpretaram a saudação de Mandela como um elogio à chamada democracia racial no Brasil, ignorando completamente a referência que ele fazia à construção da democracia constitucional com eleições diretas para presidente e parlamentares em todos os níveis com sufrágio universal. A comissão do ANC para a Constituição vinha em missão explicitamente voltada a conhecer essa experiência do Brasil. Mas, apesar da referência à conquista do voto, os jornais focalizaram unicamente a suposta referência à mistura de raças[54]. Quando Mandela disse "nós celebramos [...] tantas culturas que enriquecem nossa sociedade"[55], O Globo registrou a frase como "a miscigenação enriquece o país". Ou seja, nem a democracia nem a diversidade cultural figuram nas reportagens d'O Globo, numa nítida censura à mensagem de Mandela em função do interesse ideológico do jornal.

Abdias Nascimento e outros interlocutores comentaram com os integrantes da comitiva do ANC a repercussão dessas declarações e a manipulação que a mídia fazia delas no sentido de desautorizar as posições políticas do movimento negro. Mandela compreendeu e atendeu a essas ponderações. Em várias declarações à imprensa, ele mencionou o racismo e a discriminação racial no Brasil, dizendo que os líderes com quem ele se encontrou – inclusive o presidente Collor – confirmaram a existência

---

53. Transcrição da gravação da fala de Nelson Mandela. Acervo Ipeafro, Seção Atuação Política, Série Sedepron/Seafro, Dossiê: Visita de Mandela, Documentos.
54. Coquetel Teve 400 Convidados, *Jornal do Brasil*, 2 ago. 1991, Caderno Cidade, p. 1. A palavra *mixture* em inglês não tem acepção exclusiva de miscigenação; refere-se também à diversidade, à presença de múltiplas identidades em um conjunto heterogêneo.
55. Uma Saudação à Miscigenação Racial, *O Globo*, 2 ago. 1991, Caderno O País, p. 5.

desses problemas e a necessidade de superá-los. Mandela afirmou, ainda, sentir-se "identificado com a luta da população negra brasileira contra a discriminação racial"[56].

Esse episódio de 1991 continuou repercutindo. Em 2013, o mundo assistia ao enterro de Mandela nas redes sociais e de notícias. Chefes de estado e de governo, artistas e personalidades acompanham as cerimônias. O bispo Desmond Tutu, seu companheiro na luta contra o apartheid e na construção da nova nação, elogia como uma das qualidades de Mandela a capacidade de reconhecer o próprio erro. No Brasil, entretanto, uma conhecida porta-voz do pensamento contrário às políticas afirmativas aproveita para "lembrar" que, quando visitou o Brasil, Nelson Mandela elogiou a miscigenação e a suposta ausência de discriminação racial no país. Convenientemente, ela esquece a qualidade apontada pelo bispo Tutu e demonstrada por Mandela quando ele, na época, com coragem e simplicidade corrigiu seu conceito sobre a discriminação racial no Brasil.

Rio-92, Política Externa e Meio Ambiente

A Sedepron também recebeu o estadista pan-africano *Mwalimu* ("mestre" em ki-swahili) Julius Nyerere, presidente da Comissão Sul da ONU, órgão que desenvolvia as relações entre os chamados "países em desenvolvimento" no espírito do movimento dos não alinhados[57]. A Sedepron promoveu um encontro com ele no Arquivo Geral

---

56. Grito Contra o Racismo: Mandela se Afirma Identificado Com Negro Brasileiro, *Jornal do Brasil*, 7 ago. 1991, Caderno Cidade, p. 3. Líder Nota Amargura do Negro, *Jornal do Brasil*, 6 ago. 1991, Caderno Brasil, p. 5. R. Aquino, Lembranças do Brasil, *O Dia*, 8 ago. 1991.

57. A Conferência de Bandung, realizada na Indonésia em 1955, reuniu 29 países no esforço de consolidar a autonomia em relação ao conflito político e ideológico da Guerra Fria, dando início ao Movimento dos Não Alinhados. Até 2006, o movimento realizou dezesseis cúpulas que desenvolveram os dez princípios estabelecidos em Bandung.

da Cidade. Mwalimu Nyerere e o secretário comentaram a política extorsiva, de espoliação dos povos desses países, contida na atuação das empresas transnacionais e nas exigências impostas pelos organismos bancários internacionais. Observaram grande expectativa quanto ao papel que o Brasil viesse a exercer no Hemisfério Sul; mas o secretário notou que a política exterior parecia frustrar essa expectativa ao enveredar por outros caminhos. "O discurso oficial da modernidade não leva em consideração a miséria da imensa maioria da população", comentava o boletim *Sedepron Notícias*; predominava em Brasília "uma visão *yuppie*, em que o mais importante é a discussão sobre se a indústria automobilística fabrica carroças"[58]. Afirmou Abdias Nascimento: "O Brasil oficial aspira a tornar-se membro do chamado primeiro mundo [...], enquanto as altíssimas taxas de mortalidade infantil e o assassinato em massa de crianças e adolescentes ficam descontados no saldo final da *melhor imagem que o Brasil conquistou lá fora*."[59]

A política externa do Brasil se ocupava naquele momento com a visibilidade do país ao sediar, no Rio de Janeiro, a Conferência das Nações Unidas para o Meio Ambiente e o Desenvolvimento (Rio-92), um marco na evolução da consciência mundial sobre a urgente necessidade de atenção às políticas de preservação do ambiente. Para o ministro das relações exteriores, Celso Lafer,

A ideia do desenvolvimento sustentável me parecia um conceito heurístico fundamental, pois relegitimava o tema do desenvolvimento dentro de uma visão global e colocava as relações Norte-Sul sob o signo da cooperação. A discussão dessas questões na Conferência do Rio criava uma extraordinária oportunidade político-diplomática para a afirmação do Brasil no mundo, para deixarmos de

---

58. *Sedepron Notícias*, Boletim da Secretaria, Ano 0, n. 1, p. 4. Essa avaliação é confirmada por pesquisa de C.O. Ribeiro, As Relações Brasil-África Entre os Governos Collor e Itamar Franco. *Revista Brasileira de Ciência Política*, n. 1.
59. A. Nascimento, A Comissão Sul, *O Dia*, 17 jul. 1991.

ser o bode-expiatório do tema do meio ambiente e passarmos a uma posição de liderança.[60]

Nesse evento, que "correspondeu ao auge do protagonismo do país nos primeiros tempos do pós-Guerra Fria"[61], a Sedepron inseriu uma iniciativa no sentido de realçar a importância das tradições africanas e afro-americanas para o pensamento ambientalista, além de apontar a história da diáspora africana e sua cultura como referenciais fundamentais para as políticas de desenvolvimento sustentável na região. O título Dunia Ossaim reúne a palavra *dunia*, que em ki-swahili significa "terra", com o nome do orixá Ossaim, reitor do trato humano com a natureza. Como órgão de governo estadual, a Sedepron não podia atuar na agenda oficial da Conferência, restrita a iniciativas de governos nacionais. O evento se realizou, então, no âmbito da conferência paralela da sociedade civil, o Fórum Não Governamental. A Seafro publicou o relatório ilustrado do evento em livro para distribuição gratuita[62].

Uma das mais destacadas participações no Fórum Rio-92 foi a do Dalai Lama. Na qualidade de senador da República, Abdias Nascimento foi convidado para lhe fazer uma saudação de boas-vindas, na ocasião do encontro com o povo brasileiro agendado para ocorrer no Maracanãzinho[63]. Havia certa tensão, pois os organizadores estrangeiros da vinda do Dalai Lama receavam não haver tempo nem razão de relevo para uma representação brasileira fazer uso da palavra durante o evento. Nesse clima, eu e Abdias chegamos ao Maracanãzinho e fomos encaminhados ao

60. Entrevista concedida em 1993 a Cláudio Oliveira Ribeiro, p. 306.
61. Ibidem. Foram aprovadas a Declaração do Rio, a Agenda 21, a Convenção Sobre Mudanças Climáticas, a Convenção Sobre Diversidade Biológica e a Declaração de Princípios Sobre Florestas.
62. Rio de Janeiro-Seafro, Colóquio Dunia Ossaim: Os Afro-Americanos e o Meio ambiente.
63. Mirna Grzich, a jornalista que havia acompanhado a atuação de Abdias Nascimento na Nigéria, Colômbia e Panamá e que atuava junto à comunidade budista do Brasil, intermediou esse convite.

camarim. Enquanto esperávamos o Dalai Lama, me avisaram (em inglês) ser provável que o senador não pudesse se pronunciar. Quando chegou o Dalai Lama, o encontro com Abdias Nascimento brilhou como um dos mais belos momentos que tive a honra de compartilhar. A luminosidade do monge foi tão memorável quanto sua imediata e profunda identificação e comunicação com Abdias, que, entre outras coisas, lhe relatou cenas da infância em Franca e do trabalho a quatro mãos com sua mãe doceira. Quando o Dalai Lama foi chamado, ele segurou o braço de Abdias e o conduziu para o palco, onde ele mesmo entregou-lhe o microfone, gesto a que a assessoria internacional assistia dos bastidores sem nada poder fazer[64].

Com base em profundo conhecimento do assunto por parte do subsecretário Nei Lopes, a Sedepron articulou um projeto de fôlego para aprofundar a pesquisa e a formulação de atividades e políticas para o meio ambiente e cultura de matriz africana. A Fundação Instituto de Salvaguarda Ambiental Brasil-África (Insaba), vinculada à secretaria, promoveria ações voltadas à preservação ambiental por meio do desenvolvimento desse aspecto da tradição afro-americana[65].

Como era previsível, houve uma reação contra a Sedepron na forma de solicitação ao procurador-geral da República no sentido de propor ao Supremo Tribunal Federal uma Ação Direta de Inconstitucionalidade para anular o decreto de criação[66]. A iniciativa não prosseguiu, mas o efeito desejado se concretizou quando, ao instalar-se o próximo governo do estado em 1995, a secretaria foi sumariamente extinta.

---

64. O texto da saudação de Abdias Nascimento ao Dalai Lama está publicado no livro *Dunia Ossaim*, p. 44-46 e na revista *Thoth* n. 5, p. 259-261.
65. Projeto Insaba. Acervo Ipeafro, Seção Atuação Política, Série Sedepron/Seafro, Dossiê: Documentos.
66. N.V. Eich, Advogado Quer Impedir Secretaria do Negro no RJ, *Folha de S.Paulo*, 24 jul. 1991.

Senado Federal

Logo após a visita de Nelson Mandela, quando a Sedepron ainda se estruturava, em agosto de 1991 Darcy Ribeiro assumiu a Secretaria Extraordinária de Projetos Especiais de Educação do Governo do Estado do Rio de Janeiro com o objetivo de implantar a política de ensino dos Cieps. Abdias Nascimento ocupou a cadeira do PDT no Senado Federal. Vale destacar sua indicação, aceita pelo governador Brizola, de uma mulher negra para sucedê-lo na Sedepron. Vanda Maria de Souza Ferreira, educadora, implantava programas de ensino e cultura no sistema penitenciário e trabalhava com projetos como o da criação do Instituto de Cultura e Consciência Negra Nelson Mandela, que até hoje desenvolve atividades junto a egressos do sistema penitenciário sob a liderança de seu fundador José Carlos Brasileiro. Como secretária, Vanda Ferreira manteve seus laços de comunicação com o movimento social negro, do qual ela participava ativamente, e deu continuidade aos projetos iniciados durante a curta primeira gestão de Abdias Nascimento. Mais tarde, este voltaria à direção da Secretaria quando Darcy Ribeiro assumisse novamente o assento no Senado.

Neste primeiro período em que Abdias Nascimento exerceu o mandato de senador[67], ele foi saudado como primeiro senador negro[68]. Em seu pronunciamento de estreia[69], após invocar Olorum, os orixás e os ancestrais ele pergunta: "Será?" e prossegue com um relatório

---

67. Esse período de exercício ficou praticamente sem registro além das publicações do próprio gabinete. Até mesmo a página do Senado na internet só cita o período de 1997 a 1999. Ver <http://www.senado.gov.br/senadores/>. Durante os meses em que preparei este livro, o *link* não apresentou dados sobre Abdias Nascimento; informa erro de servidor.
68. Benedita da Silva (PT-RJ) assumiria quatro anos depois, em 1995.
69. A. Nascimento, A Luta Afro-Brasileira no Senado; Revista *Thoth*, n. 6, p. 115-136; *Diário do Congresso Nacional*, 15 nov. 1991, p. 8.052-8.061; republicado com correções no *Diário do Congresso Nacional*, 27 nov. 1991, p. 8.298-8.306.

dos senadores que, mesmo negando ou ignorando sua identidade e agindo contra os interesses da população negra, mostravam nítida ascendência africana. No caso do deputado e vice-presidente Nilo Peçanha, que exerceu a Presidência da República, o senador observa que os biógrafos lhe aplicaram eufemismos da cor escura – "moreninho como o pai"; "um homem simples, de tez pigmentada" – e relata:

certa vez eu planejei escrever um livro sobre grandes personalidades negras que ajudaram a construir este País e procurei um descendente de Nilo Peçanha. Resultado: fui repreendido por esse membro da família, que não admitia sequer a mestiçagem do "menino do Morro do Coco", considerando tal versão uma infâmia.

A constatação de que os negros construíram o Brasil costuma evocar imagens de pessoas escravizadas trabalhando no eito ou na casa grande e não de políticos que no exercício de altos cargos contribuíram à edificação do Estado brasileiro. O senador iniciou seu exercício trazendo essa dimensão à tribuna da Casa.

Afirmando que ele talvez seja "o primeiro, sim, a assumir orgulhosamente sua etnia, sua cultura e religião, suas origens africanas e, sobretudo, a luta coletiva do povo africano em nosso País", Abdias Nascimento pergunta:

não constitui um escândalo que somente agora, 165 anos após a organização das instituições legislativas nacionais, um homem de ascendência africana, consciente e orgulhoso desta condição e representando os anseios dessa imensa população, chegue ao Senado Federal?

Referindo-se ao assassinato de crianças e adolescentes, à esterilização das mulheres brasileiras que atinge principalmente as negras e ao arrocho que corrói o salário de um trabalhador afro-brasileiro que já ganha, em média, 35 por cento do valor pago ao branco por trabalho equivalente, o senador mostra que a segregação racial no Brasil se compara à da África do Sul. Os bolsões urbanos de pobreza correspondem aos *townships* e o campo aos *bantustans*, pois a população negra os habita sofrendo "a miséria, a fome, a violência, o coronelismo e o regime de trabalho escravo e semiescravo que ainda vigoram no meio rural do nosso País", além de altas taxas de mortalidade infantil e epidemias de doenças evitáveis como a lepra. Os regimes diferem apenas na falta de definição jurídica, e "as estruturas do poder sul-africano vêm descobrindo, como já o fizeram os norte-americanos, a não necessidade de leis para esse fim quando a sociedade racista se incumbe de segregar informalmente". Nesse particular, os sul-africanos têm uma enorme vantagem sobre os afro-brasileiros: "o mundo lhes reconhece o direito de lutar. No Brasil, até esse direito nos negam, postulando a hipócrita tese da democracia racial".

Dá um pequeno histórico da luta dos negros contra o racismo e focaliza os dispositivos da Constituição de 1988 que refletem conquistas da população negra, como a criminalização do racismo e a proteção das terras dos remanescentes de quilombos:

Quero assinalar aqui, Senhor Presidente, a minha profunda preocupação com o cumprimento desse dispositivo constitucional, pois tenho notícias de que os quilombos contemporâneos continuam tendo suas terras ameaçadas. Hoje, no Estado do Pará, a multinacional Alcoa e outras empresas estão, talvez, obtendo o aval do governo local para ocupar as terras das comunidades africanas do Município de Oriximiná, minando ou mesmo destruindo as bases de sua vida comunitária. Pretendo fazer o possível, Senhor Presidente, para que o dispositivo constitucional seja respeitado e cumprido.

Em relação ao assunto que ocupa a primeira posição de prioridade do movimento negro desde o início do século XX – a educação –, ele aborda uma dimensão que recebia escassa atenção:

Poucos brasileiros sabem, Sr. Presidente, que pelo lado africano, o lado da senzala, somos os herdeiros de uma civilização africana que deu à luz o chamado mundo ocidental. Poucos sabem, porque o fato foi escamoteado, distorcido e falsificado durante séculos, que a tão decantada civilização Greco-romana tem suas origens no Egito antigo, um país negro africano, e que a civilização egípcia, por sua vez, nasceu do coração da África, na região onde hoje se localiza Uganda, Etiópia, Sudão e Quênia. E não estamos falando aqui de cantigas e danças folclóricas. Estamos evocando a origem africana da ciência matemática, da geometria, da engenharia e da arquitetura; do sistema filosófico dos mistérios; dos mitos e dos deuses; das teorias da matéria de Aristóteles, Anaxágoras e Anaximandro; dos pensamentos creditados a Platão, Demócrito e Xenófanes. Todos beberam nas fontes do conhecimento egípcio africano. Estamos nos referindo aos conhecimentos e práticas da medicina existentes a dois milênios antes de Hipócrates, tido como pai da medicina. Verdadeiro pai da medicina seria Athothis, filho do primeiro faraó egípcio, ou Imhotep, que desenvolviam os conceitos e a prática de anatomia, diagnose, farmacologia, oftalmologia, assepsia, hemostasia, cirurgia, vacinação, ginecologia e assim por diante, desde 3.000 a.C.

Conforme testemunham os impérios e estados políticos da época medieval como Mali, Zimbábue, Gana e Songai, com seus centros urbanos, conhecimento e tecnologia, "não fosse o holocausto da invasão europeia, esse desenvolvimento africano autóctone teria seguido o seu curso natural".

É essa herança, diz o senador, que o Brasil precisa conhecer e assumir: a dignidade e o protagonismo do ser humano africano.

Para recuperar sua própria identidade nacional e resgatar a dívida que tem para com seus cidadãos de origem africana, urge à Nação brasileira mergulhar nas dimensões mais profundas desta herança civilizatória. Essas verdades têm que ser ensinadas nas nossas escolas, para restituir ao contingente majoritário da nossa gente o seu autorrespeito, a sua autoestima e a sua dignidade, fontes do protagonismo e da realização humana.

Conclui afirmando que pouco importa ser ou não o primeiro senador afro-brasileiro. Importa, sim, lutar "pelas causas do povo afro-brasileiro, que são as causas da nossa Nação".

O senador Cid Saboia de Carvalho (PMDB-CD) comenta em aparte, com certo espanto, que nunca havia observado que Nelson Carneiro fosse negro; estranha a falta de menção a Afonso Arinos, alegando que a Lei Afonso Arinos "foi algo notável na história da Legislação brasileira, lei essa que teve uma aplicação extraordinária"[70]. Abdias Nascimento replica dizendo que a referida lei "é outra usurpação das coisas do negro". No discurso ele havia relatado que a Convenção Nacional do Negro, reunida em São Paulo em 1945, "foi quem, pela primeira vez, propôs uma lei desse tipo. Na Constituinte de 1946, a matéria não foi aprovada e nós continuamos lutando, até que Afonso Arinos apresentou outro projeto de lei". Independentemente da boa vontade da lei e de seu propositor, ela "em nada ajudou o negro a se defender contra o racismo".

Respondendo ao aparte do senador Maurício Corrêa (PDT-DF), futuro ministro do Supremo Tribunal Federal, ele faz outro esclarecimento, desta vez sobre Joaquim Nabuco: apesar de sua admirável ação parlamentar e jornalística, "no final do seu pensamento, ele desejava o desaparecimento da raça negra no Brasil. Ele também renegava a participação do sangue negro na composição da nacionalidade brasileira".

Vários representantes diplomáticos se fizeram presentes[71], e os embaixadores africanos demonstraram bastante satisfação nos cumprimentos posteriores. Naquele momento, o governo parecia dar sinais de mudança na política exterior. Logo que Abdias Nascimento assumira a cadeira no Senado em agosto de 1991, o presidente o convidara para integrar a comitiva presidencial, representando os laços de parentesco entre Brasil e África, em viagem a vários países africanos. Foi uma surpresa não apenas por ser Abdias Nascimento um parlamentar da oposição, mas também porque a realização da viagem divergia da

---

70. *Diário do Congresso Nacional*, 27 nov. 1991, p. 8.305.
71. Os embaixadores da China, Shen Yun-Ao; de Angola, Francisco Romão de Oliveira e Silva; dos Camarões, Nguele Martin Mbarga e o ministro-conselheiro Ambroise Mvogo; do Senegal, El Hadji Diouf; e o conselheiro Abdel Aziz Dawoud, do Egito.

prioridade que o governo dava às relações com os países desenvolvidos. Naquele momento de transição na África do Sul, quando o ANC de Nelson Mandela buscava o apoio da comunidade internacional para construir a democracia e assumir o poder, a visita oficial a quatro países vizinhos, todos governados por partidos emergentes da luta armada de libertação, compunha um gesto significativo do ponto de vista diplomático. Junto com o partido, o senador avaliou que a visita seria de Estado e a delegação representaria o Brasil, não o governo. O convite tinha, ainda, o efeito simbólico de inclusão da população negra nas instituições e representações do poder. Por essas razões, a presença do senador poderia contribuir para uma evolução positiva nas relações de estado entre o Brasil e esses países e prestar apoio implícito ao ANC, num momento em que as relações Brasil-África estavam em franco declínio na ordem de prioridades da política externa. O senador incorporou a comitiva, visitou Angola, Zimbábue, Moçambique e Namíbia e relatou no pronunciamento que vislumbrou no presidente Collor "sincero propósito de cooperar" com esses países. Ao contrário da "tradição de soberbia e superioridade que o Itamaraty, com sua postura europeizada, mantinha como praxe no trato com as nações africanas", ele afirma ter constatado "um clima de autenticidade, honestidade e igualdade" junto aos chefes de estado, todos eles líderes das lutas de independência de seus países[72].

A avaliação positiva do gesto diplomático de realizar a visita a esses países da África teve a anuência do senador Eduardo Suplicy (PT-SP), em aparte:

Quero registrar que, embora crítico do Governo Collor, avaliei como importante a iniciativa do Presidente brasileiro de ir à África, porque a tendência das viagens de Chefes de Estado, inclusive

---

72. "Robert Mugabe, o combativo e gracioso presidente de Zimbábue; o inteligente e enérgico Joaquim Chissano, de Moçambique; o jovial Sam Nujoma, presidente da Namíbia; e o sereno presidente José Eduardo dos Santos, de Angola." *Diário do Congresso Nacional*, 27 nov. 1997, p. 8.303.

do Presidente Fernando Collor, vinha sendo mais para os países do Primeiro Mundo. Considero necessário que tenhamos uma interação com povos da América Latina, da África e da Ásia no mínimo tão importante quanto aquela que desenvolvemos com os povos do Primeiro Mundo.[73]

Tudo indica que essa viagem resultou dos esforços de setores dentro do Itamaraty identificados com o chamado terceiro-mundismo e favoráveis ao desenvolvimento das relações Sul-Sul. Reflete, ainda, os resultados da atuação internacional de Abdias Nascimento, cuja denúncia do racismo na diplomacia brasileira e da falta de solidariedade do país aos povos africanos durante o processo de descolonização repercutira dentro do Ministério das Relações Exteriores. Soubemos, por exemplo, que o livro *Sitiado em Lagos*, em que Abdias Nascimento relata a perseguição do Itamaraty contra ele na Nigéria durante o Festac '77, fora adotado para leitura em disciplinas do Instituto Rio Branco, escola de formação de diplomatas.

O senador Suplicy lembrou, em seu aparte, que a política econômica do Governo Collor até aquele momento não fora "consistente com o objetivo de libertar o povo negro, bem como toda população pobre, da sua condição de miséria". Abdias Nascimento concordou: "realmente assisti a intenções. Estamos aguardando os atos concretos, a implementação dos resultados dessas primeiras conversações". Mas não houve tempo para tanto antes da eclosão, daí a seis meses, da crise deflagrada pela denúncia de Pedro Collor, irmão do presidente, que desembocaria em seu impeachment.

A atuação de Abdias Nascimento em dois curtos períodos de exercício no Senado[74] honrou os compromissos assumidos nesse discurso de estreia. Um exemplo ocorrera antes, quando ele encaminhou ofício ao ministro da

---

73. *Diário do Congresso Nacional*, 27 nov. 1991, p. 8.305.
74. Darcy Ribeiro faleceu em fevereiro de 1997; Abdias Nascimento cumpriu o mandato até 1999.

Justiça Jarbas Passarinho em que relata três casos de "violação de direitos fundamentais da pessoa humana, atos de discriminação racial e de prática efetiva de racismo" e pede providências. Dois casos, ocorridos em Brasília, haviam sido encaminhados ao Ministro da Justiça pelo então presidente da Fundação Cultural Palmares, Adão Ventura, sem merecer resposta. Eram agressões contra crianças e adultos negros por seguranças em shoppings e supermercados. Os seguranças do shopping do Conjunto Nacional espancaram duas crianças negras; os do supermercado Carrefour agrediram e mantiveram em cárcere privado um delegado de polícia, um vereador do município de Flores, Goiás, e um ativista negro de Formosa. Eles registraram a ocorrência em delegacia, mas não houve enquadramento na lei antidiscriminatória (conforme a praxe que a Sedepron relatara no ofício em que solicitou a criação da Delegacia Especial). Tampouco o houve no caso de um cidadão estrangeiro que registrara, junto ao Conselho de Direitos da Pessoa Humana, ter sofrido prisão ilegal, violência física e moral, ter sido furtado em seus pertences e submetido, em dois episódios seguidos, a constrangimentos e agressões pelo fato de ser negro. Ele só escapara graças à intervenção do Cônsul da França em Foz do Iguaçu, que, casualmente, passava pelo local onde a violência era praticada pela segunda vez.

O senador solicita a instalação de processos criminais; a "ação, interesse, estímulo, empenho direto e pessoal de V.Exa."; providências do referido Conselho e da Polícia Federal; contato com todos os governadores no sentido de "determinar, aos Secretários de Segurança Pública, Diretores de Polícia Civil e Comandos das Polícias Militares, ações urgentes e enérgicas visando à apuração dos crimes, prisão dos acusados e aceleração dos inquéritos policiais" em casos de racismo; "comunicação aos Chefes dos Poderes Judiciários dos Estados, solicitando maior vigilância ante esses crimes e maior agilidade e rigor nos trâmites dos processos criminais pertinentes"[75]. O gabinete do ministro enviou ao senador, em janeiro do próximo ano, cópia de ofício do diretor-geral da Polícia Civil dando conta da instauração de inquérito contra o gerente de segurança do Carrefour por cárcere privado e de "diligências policiais" para apurar o caso das crianças agredidas no Conjunto Nacional[76]. Sobre o outro caso, não há registro de resposta.

Quando voltou ao Senado em 1997, Abdias Nascimento deparou "com um quadro muito diferente daquele de 1983", quando ingressara no Congresso Nacional. Essa diferença "se retratou simbolicamente quando pude participar da inscrição oficial do nome de Zumbi dos Palmares no livro do Panteão dos Heróis Nacionais, monumento em Brasília onde até então constava apenas o nome de Tiradentes", proposta da senadora Benedita da Silva (PT-RJ), que junto com Marina da Silva (PT-AC) ampliara a representação afro-brasileira no Senado ao assumir seus mandatos em 1995[77].

No segundo período no Senado, Abdias Nascimento apresentou vários projetos de lei, teve presença assídua na tribuna e cumpriu intensa programação de palestras e participações junto à sociedade civil em vários estados da Federação. Ele propôs, e o Senado realizou, um concurso de ensaios sobre o poeta Cruz e Sousa[78]. O senador realizou exposição de suas pinturas no Salão Negro do Congresso Nacional e na Galeria Debret em Paris, esta com apoio da Unesco. Toda essa atuação ele registrou em seis números da revista *Thoth, Escriba dos Deuses*, publicados por seu gabinete[79]. O editorial introdutório a todos os números afirma:

---

75. Carta de Abdias Nascimento a Jarbas Passarinho, 1º nov. 1991. Documento do Acervo Ipeafro, Seção Atuação Política, Série Senado, Dossiê: Correspondência.
76. Ofício GM/SAA/00094, do chefe de gabinete do ministro da Justiça, em 16 jan. 1992. Ibidem.
77. A. Nascimento; E.L. Nascimento, O Negro e o Congresso Brasileiro, em K. Munanga (org.), *História do Negro no Brasil*, v. 1, p. 144.
78. C.L.R. de Medeiros (org.), *100 Anos Sem Cruz e Sousa*.
79. O Senado Federal publicou uma reimpressão de todos os números da revista *Thoth* em 2013.

Após o tricentenário de Zumbi dos Palmares, em 1995, marcado pela Marcha contra o Racismo, pela Cidadania e a Vida e por inúmeros acontecimentos de âmbito nacional e internacional em todo o País, verificamos que a questão racial no Brasil atinge um novo estágio. Setores da sociedade convencional reconhecem o caráter discriminatório desta sociedade, e o debate passa a focalizar as formas de ação para combater o racismo, ultrapassando o patamar que marcou a elaboração da Constituição de 1988: a declaração de intenção do legislador dá lugar à discussão de medidas concretas no sentido de fazer valer tal intenção.

Além de representar o veículo de comunicação do mandato do senador Abdias Nascimento com sua comunidade e seu país, a revista *Thoth* surge como fórum do pensamento afro-brasileiro, na sua íntima e inexorável relação com aquele que se desenvolve no restante do mundo. Seu conteúdo pretende refletir as novas dimensões que a discussão e elaboração da questão racial vêm ganhando nessa nova etapa, inclusive o aprofundamento da reflexão sobre as dimensões históricas e epistemológicas da nossa herança africana.

O título da revista remete às origens dessa herança civilizatória no antigo Egito. A divindade Thoth, autor dos cálculos que regem as relações entre o céu, as estrelas e a terra, incorpora o conhecimento que faz mover o universo. Deus das artes e ciências, ele registra o conhecimento divino para benefício do ser humano. A partilha do poder entre os gêneros, no plano espiritual e material, caracteriza a cultura egípcia desde o mito de fundação de Osíris e Ísis. Thoth tem assim sua contraparte feminina na figura de Ma'at, deusa da justiça, moral e ética. A filosofia prática de vida encarnada em Ma'at constitui o guia para o caminho do direito e da verdade. A revista traz as imagens dos dois, Thoth e Ma'at, nas suas capas externa e interna.

Os pronunciamentos e projetos de lei compõem uma fonte rica para estudo. Na tribuna o senador comentava fatos históricos e contemporâneos, além de homenagear um elenco grande e variado de personalidades públicas[80];

---

80. Entre outros, o compositor Pixinguinha, o presidente Getúlio Vargas, o educador Paulo Freire, o alapini Mestre Didi, o geógrafo Milton Santos, o dramaturgo Nelson Rodrigues, os poetas Castro Alves e Cruz ▶

as justificações dos projetos de lei são ricas em informações e registros históricos. A revista traz artigos e ensaios de autores brasileiros e internacionais, bem como imagens de obras artísticas e de momentos da trajetória do combate ao racismo no Brasil e no mundo.

A primeira iniciativa do senador foi o projeto[81] que define os crimes de prática de racismo e discriminação. O racismo tornara-se crime imprescritível e inafiançável por medida constitucional de autoria do deputado Carlos Alberto de Oliveira (Caó)[82]. A Lei 7.716/1989, conhecida como Lei Caó, define o que constitui prática de racismo: os atos "resultantes de preconceito"[83]. Essa lei procurava atender o esforço que vinha sendo empreendido durante décadas, pelo movimento social negro, no sentido de substituir a Lei Afonso Arinos, esforço esse documentado na justificação do PL 1.661/1983, do deputado Abdias Nascimento.

A Lei Afonso Arinos tinha três defeitos. O primeiro era definir a discriminação como contravenção e não como crime. O segundo era restringir sua definição a "atos resultantes de preconceitos de raça ou cor". Isso significa que, para estabelecer o ato de discriminação perante a justiça, é preciso demonstrar que ele resultou de preconceito, ou seja, provar em juízo a intenção racista. Tal exigência inviabiliza a acusação, pois o acusado sempre afirma que sua intenção era outra. O terceiro defeito era elencar uma lista de circunstâncias específicas, como se

▷ e Sousa, os sociólogos Herbet de Souza e Guerreiro Ramos, os escritores Lima Barreto e Machado de Assis e os protagonistas da Revolta dos Búzios e das Revoltas dos Malês.
81. Projeto de Lei do Senado (PLS) 52/1997. *Diário do Senado Federal*, 9 abr. 1997, p. 7.354-7.356; *Thoth*, n. 1, p. 63-66; n. 6, p. 21-24.
82. Inciso XLII do artigo 5, Constituição Federal de 1988.
83. A Lei n. 7.437, de 1985, projeto do senador Nelson Carneiro (PL 5328/1985), incluiu a prática de preconceito de sexo e de estado civil no elenco de contravenções penais da Lei Afonso Arinos. Essa lei é citada de forma errônea, como "Lei Caó", inclusive na página oficial da Câmara dos Deputados.

fosse possível explicitar em um texto legislativo todas as formas que a discriminação pode tomar[84].

O projeto de 1983 do deputado Abdias Nascimento corrige os três defeitos: define o crime de lesa-humanidade, com as consequências jurídicas que essa qualificação implica; elimina a necessidade de provar a intenção racista; e estabelece uma definição de racismo que não se restringe a um elenco de situações específicas.

Cinco anos mais tarde, ao apresentar o projeto que se tornaria a Lei 7.716/1989, o deputado Caó preferiu se valer do modelo da Lei Afonso Arinos. Manteve a exigência da prova de intenção racista e a estrutura baseada na enumeração de incidentes que compõem o elenco de atos discriminatórios, assim dando continuidade a dois defeitos, o conceitual e o estrutural, da antiga lei. O projeto que seu colega de partido apresentara em 1983 dispensa a comprovação de intenção racista usando o termo "tratamento diferenciado" e reforça esse efeito ao explicitar ser desnecessário comprovar declarações de intenção[85]. Ambos os projetos de Abdias Nascimento dispõem que políticas compensatórias não constituem discriminação[86], item ausente da Lei 7.716/1989.

Abdias Nascimento apresentou seu projeto da ação compensatória ao Senado[87]. A acolhida da proposta reflete a evolução da discussão da questão racial na sociedade brasileira desde 1983. Em parecer preparado para a Comissão de Constituição e Justiça, o relator, senador Roberto Requião, afirma que o projeto

não encontra óbices de natureza constitucional e jurídica. Ao contrário, encontra amparo no verdadeiro sentido da isonomia

---

84. Como observam os promotores de Justiça do estado do Paraná Eliezer Gomes da Silva e Ivonei Sfoggia: "O caminho da enumeração exaustiva (por mais brilhante que seja o legislador) é completamente inadequado em tema de discriminação racial".
85. PL 1.661/1983, Art. 1º, parágrafos 1º e 3º.
86. PL 1.661/1983, Art. 1º, § 2º (anexo); PLS 52, Art. 1º, § 2º.
87. PLS 75/1997. *Diário do Senado Federal*, 25 abr. 1997, p. 8.480-8.484; *Thoth*, n. 1 (1997), p. 73-81.

consagrado no art. 5º da Lei Maior, que se traduz em "tratar desigualmente os desiguais na medida em que se desigualam". Para tanto, é necessário que o Estado seja dotado de normas para que, na prática, a igualdade perante a lei seja verificada[88].

Citando renomada revista jurídica[89], o relator conclui:

A chamada "ação afirmativa" surge no nosso tempo justamente para que possa ser construído o novo sentido da igualdade jurídica, reparando grave injustiça sedimentada no passado e que ainda se verifica no mundo atual. Daí sua perfeita consonância com o citado princípio magno, e que representa "a necessidade de se pensar a igualdade jurídica como a igualação jurídica que se faz, constitucionalmente, no compasso da história, do instante presente e de perspectiva vislumbrada em dada sociedade: a igualdade posta em movimento, em processo de realização permanente; a igualdade provocada pelo Direito segundo um sentido próprio a ela atribuído pela sociedade".

Esse parecer expressa sensível aumento de receptividade às políticas públicas de combate ao racismo, que instaura uma nova etapa no pensamento político brasileiro ao admitir a justeza da ação positiva. Dois anos depois, tramitaria no Senado, com sucesso, um projeto semelhante de autoria do senador José Sarney[90].

O senador Abdias Nascimento propôs medida para coibir e punir a ação nociva de pessoas ou empresas que tenham praticado ou apoiado o racismo, motivado em parte pelas investidas de uma poderosa mineradora sul-africana, notoriamente ligada aos setores retrógrados do regime racista, no sentido de adquirir a Companhia Vale do Rio Doce no

---

88. Roberto Requião, parecer sobre o Projeto de Lei do Senado n. 75, de 1997, que institui ação compensatória para a implementação do princípio de isonomia social do negro. Original datilografado. Brasília: Gabinete do senador Roberto Requião, Senado Federal, 1998.

89. C.L. Rocha, Ação Afirmativa: O Conteúdo Democrático do Princípio da Igualdade Jurídica, *Revista de Informação Legislativa*, v. 33, n. 131.

90. PLS 650, de 30 nov. 1999. Aprovado no Senado, encaminhado à Câmara e arquivado sem decisão.

contexto das privatizações que o governo processava naquele momento[91]. Também propôs uma ação civil pública para proteger a honra e a dignidade de grupos raciais, étnicos e religiosos, habilitando as entidades da sociedade civil a processar na Justiça quem as agredisse[92]. Esse projeto, aprovado pelo Senado e remetido à Câmara dos Deputados, teve amplo apoio: houve acordo e adesão das lideranças de vários partidos no requerimento de urgência[93]. Com pareceres favoráveis dos relatores Alceu Collares (PDT-RS), da Comissão de Constituição e Justiça, e de Fernando Gabeira (PV-RJ), da Comissão de Defesa do Consumidor, foi aprovado pela Câmara em nova redação e encaminhado de volta ao Senado em abril de 2009. Aprovado na Comissão de Direitos Humanos, com parecer favorável do senador Paulo Paim (PT-RS), foi encaminhado à Comissão de Justiça e Cidadania e incluída na pauta em 13 de dezembro de 2013.

A proposta do senador Abdias Nascimento de inscrever no Livro dos Heróis da Pátria os nomes dos líderes da Conjuração Baiana, conhecida como Revolta dos Búzios ou Revolta dos Alfaiates[94], arquivada no final da Legislatura de 1999, teve eco uma década depois na proposição do deputado Luiz Alberto (PT-BA) no mesmo sentido[95]. O Panteão da Pátria celebrou a inscrição desses heróis no dia 4 de setembro de 2012.

Com respeito à questão das comunidades quilombos, o senador apresentou projeto de emenda constitucional que

---

91. PLS 73/1997, *Diário do Senado Federal*, 24 abr. 1997, p. 8.358-8.362; *Thoth* n. 1, p. 67-71.

92. PLS 114/1997. Remetido à Câmara dos Deputados, tramitou como PL 4800/1998.

93. Miro Teixeira (PDT), Luiz Buaiz (PL), Aécio Neves (PSDB), Marcelo Déda (PT), Inocêncio de Oliveira (PFL), Aldo Arantes (PCdoB), Pedro Valadares (PSB), em 10 nov. 1998. *Diário da Câmara dos Deputados*, 11 nov. 1998, p. 25.422.

94. PLS 234/1997. *Diário do Senado Federal*, 24 out. 1997, p. 22.721. *Thoth*, n. 3, p. 43-45. Parecer favorável do relator senador Lúcio Alcântara, Comissão de Educação do Senado (*Thoth*, n. 6, p. 69-71).

95. PL 5.819/2009, sancionado pela presidenta da República, Dilma Rousseff, no dia 4 mar. 2011 e transformado na Lei Ordinária 12.391/2011.

garante às comunidades remanescentes dos quilombos os direitos assegurados às populações indígenas[96]. Preocupado porque "passados quase dez anos do ordenamento constitucional, pouco se fez para efetivar os direitos territoriais reconhecidos" e porque "inúmeros conflitos entre comunidades quilombolas e fazendeiros, grileiros, madeireiros e mineradoras retratam a dimensão dos riscos que ameaçam aquelas comunidades", ele observa que as garantias constitucionais conferidas a elas não foram acompanhadas, como no caso das populações indígenas, da declaração de nulidade dos atos que tenham por objeto a ocupação, o domínio ou a posse de suas terras. "Assim, o decurso do tempo [...] é aliado daqueles que obstam a efetivação dos direitos assegurados aos quilombolas." A ideia do projeto foi evitar as delongas associadas ao processo de titulação dos quilombos, acelerando a demarcação de suas terras.

Os orixás de Abdias Nascimento invadiram o Salão Negro do Congresso Nacional a convite do presidente do Senado Antônio Carlos Magalhães, em exposição que criou naquele ambiente a explosão de cores e economia de formas características da arte africana que inspirou a vanguarda artística da Europa quando deparou com elas no final do século XIX[97]. O patriarca baiano pensava homenagear a religiosidade de seu estado, mas não esperava a polêmica criada pela imprensa, que no meio de 53 telas só conseguiu enxergar duas: uma intitulada *Opachorô, o Falus Cosmogônico* e a outra que se chama *Xangô Crucificado ou O Martírio de Malcolm X*. Nesta, o militante afro-americano, identificado com o orixá da justiça, é representado nu, pregado a uma cruz. A criação artística de Abdias Nascimento não cabia nos padrões de uma moral hipócrita, supostamente cristã, capaz de condenar a nudez e silenciar-se diante da miséria de milhões e do assassinato sistemático de crianças e adolescentes. A imprensa

---

96. PEC 38/1997.
97. Abdias Expõe no Senado, *Thoth*, n. 5, p. 59-60.

não compreendeu o significado da mostra. Ao ver algo implicitamente escandaloso na religiosidade de matriz africana evocada naquelas telas, ela participou da própria intolerância que o senador Abdias Nascimento denunciava. Avesso à publicidade negativa, o senador Antônio Carlos Magalhães, que antes apoiara com entusiasmo a iniciativa, se calou e recuou. Ou seja: ele também não compreendeu.

A revista *Thoth* contém entrevistas ilustradas com artistas e personalidades negras como os pintores Iara Rosa, Sebastião Januário e Celestino Ignácio, além de artigo sobre o escultor José Heitor da Silva. Contribuem à revista escritores e pesquisadores como Nei Lopes, Milton Santos, Oswaldo Camargo, Ironides Rodrigues, Oliveira Silveira, Sueli Carneiro, Vera Malagute e Guiomar Ferreira de Mattos. Há registros sobre organizações do movimento negro como Geledés, Cecune, Ceap, o Projeto Odo-Yá. Constam informações de esforços do Grupo de Trabalho Interministerial para a População Negra, criada pelo presidente Fernando Henrique Cardoso e presidido pelo professor Hélio Santos e o Centro Cultural José Bonifácio no Rio de Janeiro, sob a direção de Hilton Cobra. A revista inclui ensaios ilustrados sobre a história e cultura de matriz africana. Trata-se de uma ferramenta importante para a preparação de educadores na implantação da política de ensino dessa matéria[98].

O legado da revista *Thoth* concretiza e reafirma o compromisso fundamental do senador com a educação, expresso de forma inequívoca no discurso de estreia de 1991. Ele deixou, nos seis volumes da revista, uma contribuição para ajudar as escolas e os educadores a desenvolverem ações e programas pedagógicos atendendo à necessidade de todas as crianças de desenvolverem suas identidades e personalidades livres das distorções e dos impedimentos que o racismo cria.

98. O Senado Federal, em convênio com a Secretaria Especial das Mulheres e a Secretaria Especial de Políticas de Promoção da Igualdade Racial, anunciou em 2013 uma nova edição da revista.

Secretaria de Cidadania e Direitos Humanos (Secid)

Terminado o mandato em 1999, Abdias Nascimento reuniu a equipe para avaliar a indicação pelo PDT de sua candidatura a deputado federal, apesar da idade avançada e da saúde que às vezes se abalava. A equipe de ativistas e intelectuais negros[99] julgou pela importância de situar a questão racial nessa campanha, no contexto da histórica aliança de esquerda. Leonel Brizola aceitara ser candidato a vice-presidente na chapa de Luiz Inácio Lula da Silva para presidente. No Rio de Janeiro, Anthony Garotinho (PDT) concorria a governador com Benedita da Silva (PT) para vice, numa coligação que incluía PSB, PCdoB e PCB. Além do fato político dessa aliança, a inédita candidatura de uma mulher negra e favelada ao executivo estadual dava a essa eleição uma dimensão inédita.

O presidente Fernando Henrique Cardoso concorria a um segundo mandato que lhe foi possibilitado por emenda constitucional permitindo a reeleição para cargos executivos em todos os níveis. A emenda foi negociada em meio a denúncias de corrupção e compra de votos. FHC ganhou no primeiro turno contra uma oposição dividida entre Lula (que teve 31,71% dos votos) e Ciro Gomes do PPS (10,97%). No Rio de Janeiro, Garotinho e Benedita obtiveram 57,97 por cento dos votos no segundo turno contra César Maia (PFL).

O novo governo criou a Secretaria de Cidadania e Direitos Humanos (Secid), nomeando Abdias Nascimento como titular e Ivanir dos Santos como subsecretário, com o entendimento de que sua ênfase seria nas políticas de combate à discriminação. Essa orientação está evidente

---

99. Éle Semog relata a trajetória dessa campanha em *O Griot e as Muralhas*, p. 206-13. Os colaboradores mais próximos eram Semog, Paulo Roberto dos Santos, Carlos Alberto Medeiros e Oswaldo Barbosa. Houve dobradinha com Ivanir dos Santos, candidato do PT a deputado estadual.

no texto introdutório da revista que seria seu órgão de divulgação, intitulada *Quilombo*, num sentido amplo:

> Quilombo significa, principalmente, duas coisas: a resistência contra a sistemática violação da dignidade da pessoa humana e a construção da vida em liberdade – expressão perfeita da busca dos direitos humanos e da cidadania. [...] Mulheres, indígenas e afrodescendentes, deficientes físicos, homossexuais, ex-presidiários, pobres e destituídos, sem-terra e sem-casa, vivem o desafio de romper as barreiras que lhes tolhem a existência com liberdade e dignidade. [...] Assim como os quilombos, esses setores vão abrindo seus espaços, criando suas possibilidades de sobrevivência, pensando novas formas de participar e produzir, enfim: constituindo-se como atores da sua própria história.[100]

Novamente a cerimônia de posse, desta vez realizada na Igreja Nossa Senhora do Rosário e São Benedito dos Homens Pretos, "reuniu uma multidão significativa" de pessoas, partidos e movimentos sociais, marcando "de forma singular o início do governo de coalizão". O secretário se dedicou à estruturação da Secid, uma tarefa árdua que se tornava mais complicada à medida que se agravavam as dificuldades no equilíbrio das forças representadas na aliança política. Observa Semog: "A luta de Abdias Nascimento para viabilizar essa secretaria era mais uma maratona: um ano de dura e incansável peregrinação entre gabinetes e instâncias do poder e do partido, num contexto político e administrativo nada favorável". A equipe construiu o projeto de estruturação da secretaria e o Plano Estadual de Direitos Humanos, e ainda realizou o Colóquio Direitos Humanos, Cidadania e Diversidade Social[101], entre

---

100. Equipe Secid, *Quilombo: Signo dos Direitos Humanos e da Cidadania*. Acervo Ipeafro, Seção Atuação Política, Série Secid, Dossiê: Documentos da Secid.

101. Com participação do embaixador Mbulelo Rakwena da África do Sul, do subsecretário de segurança do estado Luís Eduardo Soares, do presidente do Instituto de Advogados do Brasil João Luiz Duboc Pinaud e da presidenta do Conselho Estadual dos Direitos da Mulher Lígia Doutel de Andrade. Esses e outros documentos estão no Acervo Ipeafro, Seção Atuação Política, Série Secid.

outros feitos, apesar dos obstáculos impostos. A resistência da autoridade governamental não era bem novidade. Entre os políticos de peso do PDT, o compromisso efetivo e concreto com a causa dos direitos humanos pelo caminho do combate ao racismo era de Leonel Brizola e algumas "aves raras" como Nilo Batista. De qualquer forma, o compromisso formal estava registrado no estatuto. À medida que Garotinho se afastava de Brizola e do PDT, a Secid perdia terreno e, finalmente, o status de secretaria: virou Conselho. Em meio à franca dissolução da coalizão, mas antes que Garotinho e seu grupo saíssem do PDT, Abdias Nascimento pediu demissão. Para mim e para ele, foi um alívio poder nos reunir na intimidade de nossa casa e dividir um bom espumante para celebrar a saída daquele marasmo. Libertar-se do trato diário com a pequenez armada de espada de Dâmocles trouxe outros ares a Abdias, que respirou fundo e voltou à sua seara de artista, ativista e intelectual. Quando Garotinho se desincompatibilizou em 2002 para candidatar-se à presidência, Benedita da Silva assumiu o governo durante oito meses e reinstituiu a Secid, nomeando como titular a ativista negra Wânia Sant'Anna.

Para Além do Racismo:
A 3ª Conferência Mundial e a Criação da Seppir

Nesse período, organizava-se a 3ª Conferência Mundial Contra o Racismo das Nações Unidas, a ser realizada no ano de 2001, na cidade de Durban, África do Sul. O evento mobilizava comunidades e organizações não governamentais em todo o mundo. A Fundação Sulista de Educação sediada em Atlanta, EUA, presidida pela jurista Lynn Walker Huntley, criou a Iniciativa Comparada de Relações Humanas no Brasil, Estados Unidos e África do Sul. A partir de 1995, a Iniciativa reuniu pesquisadores e sociedade civil em conferências realizadas em cada um dos países.

Publicou estudos aprofundados, oferecendo uma ferramenta de grande utilidade[102]. Tive a honra de colaborar com Abdias Nascimento na elaboração do ensaio principal sobre o Brasil[103].

O processo preparatório da 3ª Conferência Mundial foi marcado pelo aniversário de quinhentos anos do chamado "descobrimento" do Brasil, conceito contestado por populações negras e indígenas que se mobilizaram país afora em manifestações e protestos. O Brasil, que se oferecera para sediar a conferência regional das Américas, recuou diante dessa mobilização e devido a outras considerações de ordem diplomática e comercial. A conferência ocorreu em Santiago do Chile, em dezembro de 2000, concretizando a crescente articulação entre os negros dos diversos países da América Central e do Sul e do Caribe, com destacada atuação da delegação brasileira.

A mobilização do movimento negro brasileiro, com atuação em nível regional e internacional, ficou consignada na 3ª Conferência no destacado papel do Brasil, que assumiu a relatoria da Conferência oficial na pessoa de Edna Roland. Esse fato refletiu a liderança das mulheres negras na sociedade civil. Organizadas na Articulação das Mulheres Negras Brasileiras, elas se destacaram no conjunto de órgãos oficiais e entidades negras que realizaram conferências regionais e nacionais no Brasil e atuaram, ao lado e em paralelo à representação oficial, nas conferências preparatórias internacionais e na conferência em Durban. Abdias Nascimento proferiu o discurso de abertura da 2ª Plenária Nacional de Entidades Negras Rumo à 3ª Conferência, realizada no Rio de Janeiro em maio de 2001[104]. No Fórum das Organizações Não Governamentais da Conferência de Durban, Abdias Nascimento foi convidado a fazer palestra-chave focalizando as formas

---

102. Ver CHRI, *Além do Racismo*; A.S.A. Guimarães; L. Huntley, *Tirando a Máscara*, C.V. Hamilton et. al., *Beyond Racism*.
103. Ver A. Nascimento; E.L. Nascimento, *Dance of Deception*.
104. Abdias Nascimento, *O Quilombismo*, 2.ed., p. 341-351.

específicas do racismo na América do Sul[105]. Os resultados da 3ª Conferência repercutiram no Brasil de forma fundamental, pavimentando o caminho para a implantação da política de cotas e outros programas de ação afirmativa, e ainda constituem um parâmetro importante para a implantação de políticas de igualdade racial.

Com certeza, a repercussão desses fatos fez crescer a dimensão política da questão racial na sociedade brasileira. Com a eleição do presidente Lula e seu vice José de Alencar em 2002, a expectativa era grande, e foi atendida logo em janeiro com a sanção presidencial à Lei 10.639, de 2003[106], que tornou obrigatório o ensino da história e cultura afro-brasileira. Em seguida houve a criação, em 21 de março, da Secretaria Especial de Políticas de Promoção da Igualdade Racial (Seppir), um órgão ligado diretamente à Presidência da República. Convidado para se pronunciar na inauguração da Seppir, Abdias Nascimento "fez um discurso empolgado, crítico, contundente", em que se referiu "aos muitos membros do Executivo, inclusive o então ministro da Educação, senador Cristóvão Buarque, que se manifestaram contra [...] políticas de cota" e exigiu do presidente Lula "maior determinação para este fim"[107].

Em 2004, o Ipeafro, que iniciava seu trabalho técnico com o acervo de Abdias Nascimento, comemorou seus 90 anos com uma exposição sobre sua vida e obra que ocupou todos os espaços expositivos da então recém-inaugurada sede do Arquivo Nacional, a antiga Casa da Moeda do Rio de Janeiro[108]. Com patrocínio da Petrobras e apoio da Seppir e da Fundação Cultural Palmares, essa exposição recebeu visitas de milhares de alunos, escolas, pesquisadores

---

105. Ibidem, p. 353-361.
106. Originada no PL 259/1999, de autoria dos deputados Esther Grossi (PT-RS) e Ben-hur Ferreira (PT-MS).
107. *Abdias Nascimento, Momentos Políticos*, videodocumentário do Ipeafro; disponível em: <http://ipeafro.org.br/>.
108. E.L. Nascimento (org.), *Abdias Nascimento 90 Anos, Memória Viva*. Nossa homenagem ao designer museográfico Afonnso Drumond por seu belo trabalho.

e educadores. Novamente, Abdias Nascimento contribuía para o desenvolvimento do maior objetivo expresso em seu mandato como senador: a educação. Em 2006, o Ipeafro levou a exposição a Brasília, onde ocupou todo o espaço expositivo da Galeria Athos Bulcão, anexo ao Teatro Nacional, recebendo intensa visitação de escolas e educadores.

O ano de 2004 era bicentenário da revolução do Haiti, que conquistou a independência enfrentando o poderio militar da França de Napoleão Bonaparte. A Unesco o designou Ano Internacional de Celebração da Luta Contra a Escravidão e de sua Abolição. Para marcar a dimensão contemporânea desse evento histórico, a Unesco criou a Medalha Toussaint Louverture, homenageando o destacado líder da revolução do Haiti, e a outorgou a Abdias Nascimento e Aimé Césaire. A cerimônia de outorga, realizada na sede da Unesco em Paris, foi um momento de grande alegria para Abdias Nascimento, pois propiciou um reencontro virtual com o poeta da Negritude, que participou desde a Martinica por videoconferência[109]. Além disso, ele teve a oportunidade de reencontrar-se com Yandé Christiane Diop, viúva do incomparável escritor senegalês Alioune Diop, fundador da revista *Présence Africaine*, e com inúmeros amigos e companheiros de luta africanos e da diáspora.

Como parte de sua política exterior voltada à África, o Brasil sediou e viabilizou a realização da 2ª Conferência de Intelectuais Africanos e da Diáspora (II Ciad), em conjunto com a União Africana, em Salvador, em julho de 2006. No contexto desse evento o Ipeafro levou a exposição à Caixa Cultural Salvador. Durante a solenidade de abertura da II Ciad, na presença de diversos chefes de estado e de governo da África, o presidente Lula condecorou Abdias Nascimento com a Ordem do Rio Branco no grau de Comendador. Nos anos seguintes, ele participou de vários encontros e atividades.

---

109. *Abdias Nascimento Memória Viva*, videodocumentário do Ipeafro; disponível em: <http://ipeafro.org.br/>.

Em março de 2011, Abdias celebrou seu 97º aniversário na quadra da Escola de Samba Villa Rica. Pouco depois, ele adoeceu e se internou no Hospital dos Servidores, vizinho ao sítio arqueológico do Cais do Valongo, um lugar de grande valor histórico e simbólico para o povo descendente dos africanos escravizados. Por ali adentraram no Brasil mais de meio milhão de almas. Grande número teve seus restos mortais jogados ao lixo por um regime escravocrata de inominável crueldade. As pedras originais desse cais, soterradas há séculos, foram descobertas durante as obras de reurbanização da região portuária, na mesma época em que Abdias Nascimento se internava no hospital ao lado. Ele ainda se manifestou, junto com outras forças da sociedade civil, pela preservação desse sítio. Dali mesmo partiu ao encontro dos ancestrais.

Rumo à Serra da Barriga

Ao deixar a vida terrestre, Abdias Nascimento deixou um legado de ação humanista que transcende a sua pessoa, produção artística e ação política. O conjunto desses aspectos se manifestava em um ser humano de extrema ternura e compaixão, qualidades que o moviam, somando-se à firmeza intelectual que fundamentava a convicção e veemência na defesa de suas posições. Realizamos o desejo dele de ter suas cinzas depositadas no solo da Serra da Barriga, local da épica de resistência da República dos Palmares, na certeza de que esse último gesto seu ajudaria a gravar na memória nacional a marca incomparável do povo negro na construção do Brasil e do mundo.

Subindo a Serra da Barriga com Mãe Hilda do Ilê Axé Jitolu, na primeira peregrinação do Memorial Zumbi ao local da República de Palmares, 20 de novembro de 1980. À esquerda, Tosta Passarinho, do coletivo Adé Dudu de homossexuais negros (a denominação LGBTQIA+ não existia na época) Foto: Elisa Larkin Nascimento

6. MEMORIAL ZUMBI 1: UM INFORME À SOCIEDADE BRASILEIRA PARA O PROGRESSO DA CIÊNCIA (SBPC)[1]

Resultaria supérfluo reiterar mais uma vez a importância fundamental, para a história nacional, da epopeia libertária dos africanos e afro-brasileiros reunidos nos vários quilombos que compunham a República dos Palmares (1597-1697), localizada na Serra da Barriga, em Alagoas. Uma literatura extensiva já existe a respeito da inacreditável resistência militar da Troia Negra contra as armas superiores dos exércitos da Holanda e de Portugal coloniais, que sitiaram o Estado Africano em mais de quarenta guerras. Sabemos da organização socioeconômica e política dos palmarinos, seguindo modelos africanos, e de sua enorme população para a época (mais de trinta mil pessoas antes do momento de sua derrota).

1. Trabalho apresentado pelo conselheiro Abdias Nascimento, em nome do Conselho Deliberativo do Memorial Zumbi, à 33ª Reunião da SBPC, realizada em Salvador, Bahia, em 8 e 9 jul. 1981.

Sabemos também que seus líderes políticos e militares eleitos tinham o título de *zumbi*, que significa "rei" ou "espírito poderoso" – *orixá*, em língua banta –, e que provaram uma capacidade brilhante de conduzir a vida pacífica e bélica de seu povo. O último zumbi, morto em plena luta, decapitado, cuja cabeça foi espetada num chuço e exposta à vista do público do Recife até que descompusesse, já é reconhecido herói, símbolo de todos os movimentos e entidades negras do país.

Entretanto, a história cultural oficial brasileira pouco se importou, até muito recentemente, com esse tema essencial à nossa formação como um povo e uma nação. Nossa historiografia tem obedecido às normas da visão greco-romana do mundo, que define a cultura exclusivamente pela experiência europeia, assim omitindo mais de dois terços do globo. Em decorrência desse fato, os dirigentes do país têm dividido a herança cultural brasileira em duas: uma "civilizada", a preservar, e outra "bárbara", a esquecer.

A política cultural dominante no Brasil, com relação aos bens da cultura africana e indígena no país, tem reproduzido de forma beata o comportamento dos poderes coloniais europeus no continente da África. Desrespeitando seu valor epistemológico, espiritual, teológico e filosófico, os dirigentes de tal política tradicional relegam esses bens – geralmente furtados de maneira violenta – a instituições como o Museu da Polícia do Rio de Janeiro, onde muitos objetos religiosos afro-brasileiros, colhidos em batidas policiais nos terreiros, são exibidos para "comprovar cientificamente" a criminalidade inata do povo de ascendência africana, ou para fundamentar sua "tendência natural à violência". Obras de arte sagradas das religiões africanas são encontradas em instituições como o Instituto Médico Legal Nina Rodrigues, na Bahia, documentando a condição "histérica" ou "patológica" do mundo espiritual afro-brasileiro. Tais entidades representam a versão brasileira dos museus de Londres, Lisboa, Paris, Berlim, Bruxelas e outras capitais europeias, onde é exibido o patrimônio histórico e cultural roubado da África durante o assalto colonialista.

A redução dos bens culturais africanos e dos povos indígenas à condição de objetos curiosos ou pitorescos, de interesse etnológico, folclórico ou turístico-comercial, erige-se como fator básico da visão eurocentrista reinante e resulta em outro assalto: a exploração econômica pela extração de uma mais-valia cultural das comunidades produtoras de tais bens.

Dessa forma, no conceito eurocêntrico dominante, não só os bens do patrimônio cultural e histórico afro-brasileiro são esquecidos como, simultaneamente, não são credenciados como merecedores da qualificação de obra cultural. Assim, constatamos que os valiosíssimos acervos da religião afro-brasileira, como os terreiros de candomblé da Bahia, a Casa das Minas do Maranhão ou as casas e templos de macumba, umbanda ou batuques no Sudeste e Sul do país, nunca mereceram o respeito que lhes é devido como valores de uma civilização. No processo do tombamento da cidade histórica de Ouro Preto, foi ignorado o lugar histórico da mina do Chico Rei, a "Encardideira". As igrejas negras católicas do Rio de Janeiro ou de São Paulo cuja origem encontra-se nas fraternidades religiosas africanas do tempo colonial – por exemplo as de Nossa Senhora do Rosário ou de São Benedito – nunca mereceram interesse como patrimônio histórico-cultural.

A fundação do Memorial Zumbi representa o começo de uma tentativa, por parte dos responsáveis por certos órgãos oficiais, de modificar essa perspectiva deformada. Vale esclarecer, entretanto, que tal esforço não configura um ato de gratuita generosidade ou de esclarecimento espontâneo. Pelo contrário, esse início de reconhecimento constitui tão-somente o resultado, injustificadamente tardio, de uma luta travada por décadas pela comunidade negra[2]. O Teatro Experimental do Negro, por exemplo, denunciava desde

---

2. Ver, por exemplo, os anais da Conferência Nacional do Negro (1949) e do I Congresso do Negro Brasileiro (1950) no livro *O Negro Revoltado* (A. Nascimento) ou nos manifestos do Movimento Negro Unificado (MNU); E.L. Nascimento, *Pan-Africanismo na América do Sul*.

1944 "a alienação da antropologia e da sociologia nacional, focalizando os povos de cor à luz do pitoresco, ou do histórico puramente, como se se tratasse de elemento estático ou mumificado", segundo Guerreiro Ramos[3].

Só quatro decênios depois, porém, é que o representante de uma instituição oficial como a Fundação Nacional Pró-Memória (Sphan) se vê capaz de admitir uma "reflexão crítica sobre o conceito de patrimônio histórico e artístico", para "escapar à visão greco-romana do planeta", reconhecendo que "o bem cultural não é privilégio de uma só etnia: a branca europeia; há que se incorporar com decisão os legados de outras etnias: a negra e a indígena". Mais importante: essa reflexão corretiva se fundamentaria "na participação crítica, democrática e responsável de todos os grupos, classes sociais ou etnias" da sociedade civil brasileira.[4]

Essa é uma posição verdadeiramente inusitada na conceituação do patrimônio cultural, sempre definido exclusivamente por órgãos do poder oficial, sem que sejam consultadas as populações às quais pertence esse patrimônio. Nesse contexto, o Memorial Zumbi figura como uma primeira iniciativa de efetivar na práxis esse conceito. Aqui se define o segundo aspecto de sua inovadora relevância histórica.

O processo de criação do Memorial Zumbi ilustra nitidamente a necessidade da participação crítica dos grupos interessados, a fim de orientar a definição do patrimônio cultural para escapar à imposição etnocêntrica, restritiva e imobilizadora que tradicionalmente opera nessas circunstâncias. Podemos observar os perigos traiçoeiros dessa perspectiva excludente examinando, por exemplo, a conceituação provisória do Parque Histórico Nacional Zumbi dos Palmares, elaborada no "Termo de referência"

3. A.G. Ramos, *Introdução Crítica à Sociologia Brasileira*, p. 138.
4. Joaquim Arruda Falcão, conferência proferida em Recife, em abr. 1981, por ocasião da visita do diretor-geral da Unesco, dr. Amadou Mahtar M'Bow, p. 2, 5-6.

emitido pelo Ministério da Educação e Cultura em junho de 1980[5].

Merece destaque positivo o fato de tal documento definir os quilombos como "sérias tentativas de implantação em território brasileiro de uma organização política autônoma pelos elementos africanos e seus descendentes"[6] e falar das trincheiras quilombolas de Palmares como "monumento ao primeiro grito de liberdade contra o regime colonial português"[7]. Reconhecendo sua "importância na formação do espírito de liberdade e nacionalidade do povo brasileiro", o documento frisa que nunca Palmares foi valorizado e que "existe um genérico desconhecimento do movimento negro e da personalidade marcante de Zumbi"[8]. Essas observações legítimas distinguem-se radicalmente das posições tradicionalmente inscritas nos documentos oficiais.

Novamente se impõe a necessidade de esclarecer que colocações desse tipo representam tão-somente verdades históricas geralmente escamoteadas nos meios governamentais. Seu reconhecimento pelo MEC no documento citado não resulta de um autoesclarecimento endógeno da atitude ou do conhecimento oficial, mas de um processo lento, de conscientização e divulgação, manifesto nas constantes lutas da comunidade afro-brasileira para corrigir os conceitos tendenciosos da história elaborada ao sabor dos interesses das elites dominantes do Brasil. Entretanto, em sua proposta objetiva, o documento do MEC retorna às linhas clássicas do eurocentrismo paternalista, comercializador e folclorizador da cultura e da história afro-brasileiras, ao concluir que a criação do Parque Histórico Nacional Zumbi dos Palmares "indicará também

---

5. Brasil, Ministério da Educação e Cultura, Coordenação do Aperfeiçoamento de Nível Superior, Assessoria Especial de Projetos, *Termo de Referência Sobre o Parque Histórico Nacional Zumbi dos Palmares*.
6. Ibidem, p. 2.
7. Ibidem, p. 4.
8. Ibidem.

um caminho que possibilite promover a valorização dessa história, ao tempo em que proporcionará o aproveitamento dos recursos turístico-culturais, em potencial"[9].

Completando o cenário da exploração turística dos Palmares, o documento propõe a "identificação do mercado turístico promissor" e a "promoção e divulgação da oferta turística da área", definindo o "potencial turístico da região" como "fator motivacional maior" do parque. Visa à instalação de "serviços e de equipamentos turísticos" no local, tais como "lanchonete, restaurante, loja de artesanato, motel, serviços públicos [...], área para *camping* [...], atividades artesanais e folclóricas"[10].

Mais uma vez, a garra oculta do eurocentrismo paternalista brasileiro, mascarado de compreensivo e benevolente para com a história cultural afro-brasileira, procurou disfarçar sua agressão à comunidade negra. O objetivo de transformar a cultura histórica negra num artesanato folclórico ou mumificado, objeto de transação comercial e fonte de lucros para um empresariado quase exclusivamente branco e exclusivamente eurocentrista – seja nacional, seja estrangeiro – também pode ser verificado em relação às escolas de samba e aos desfiles carnavalescos do Rio de Janeiro, e até mesmo em relação aos próprios orixás na Bahia[11].

Entretanto, a definição do Parque Histórico Nacional Zumbi dos Palmares não se congelou nesses termos negativos porque os executores do projeto assumiram o novo critério de consulta e participação crítica por parte da comunidade afro-brasileira. Para isso convocaram à primeira reunião definidora da proposta – um Seminário para a Criação do Parque Histórico Nacional de Zumbi, realizado em Maceió e em União dos Palmares (Serra da Barriga) de 22 a 24 de agosto de 1980 – representantes do mais amplo e representativo espectro de entidades e organizações negras,

9. Ibidem.
10. Ibidem, p. 7-8.
11. A. Nascimento, *O Genocídio do Negro Brasileiro*, p. 113-122.

como o Movimento Negro Unificado (MNU) da Bahia, do Ceará e de São Paulo, o Movimento Alma Negra (Moan) do Amazonas, a Associação Nacional de Apoio ao Índio (Anaí) da Bahia, o Centro de Estudos Afro-Brasileiros (Ceab) de Brasília, o Instituto de Pesquisas e Estudos Afro-Brasileiros (Ipeafro) de São Paulo e do Rio de Janeiro, a Frente Negra de Ação Política de Oposição (Frenapo) de São Paulo e Espírito Santo, o Instituto Brasileiro de Estudos Africanistas (Ibea) de São Paulo, o Centro de Cultura Negra (CCN) do Maranhão, o Centro de Defesa da Cultura Negra do Pará (Cedenpa), o Centro de Cultura e Emancipação da Raça Negra (Cecerne) de Recife e João Pessoa e o Grupo de Trabalho André Rebouças do Rio de Janeiro.

O plenário do seminário compunha-se em grande maioria dos representantes da comunidade negra, contando com a presença de catorze delegados das instituições oficiais responsáveis (Universidade Federal de Alagoas, Capes, Sphan, Governo do Estado de Alagoas e Prefeitura de União dos Palmares), num total de setenta participantes. Essa assembleia elaborou, democraticamente, uma "Declaração de objetivos" e uma "Metodologia de trabalho" que substituíram a conceituação provisória do MEC.

De início, o plenário rejeitou unanimemente a natureza comercial/ folclórica/ turística dos objetivos manifestados na proposta do MEC. O conceito de "Memorial Zumbi" substituiu a ideia do "Monumento", já que este, em geral, é um indicativo da natureza estática e imobilizada, de pura ostentação da arrogância das classes dominantes. O termo "memorial" significava a opção por uma conceituação dinâmica, de participação ativa da comunidade interessada. O Memorial Zumbi, assim concebido, tem como primeira meta:

Estabelecer-se como polo de uma cultura de libertação do negro. Esta cultura de libertação objetiva:
   1. Promover humana e socialmente as massas de origem africana e de todos os segmentos oprimidos do país.

2. Exigir a devolução à comunidade afro-brasileira da riqueza que ela criou e que lhe foi usurpada.

3. Resgatar a memória de Palmares e da comunidade afro-brasileira como base de luta.

Entre os objetivos assinalados nesse esquema, figuram os seguintes:

1. Exigir do Sistema Oficial de Ensino a correção dos currículos escolares, omissos e injustos com a comunidade afro-brasileira.

2. Constituir um tribunal antirracista para julgamento dos casos de discriminação e racismo.

3. Fazer respeitar as religiões afro-brasileiras.

4. Resguardar juridicamente os direitos humanos da comunidade afro-brasileira, tais como posse da terra, integridade física e oportunidade de emprego.[12]

O conceito de cultura de libertação, longe de ser retórico ou abstrato, deriva imediatamente da própria experiência histórica dos africanos escravizados e de seus descendentes. Tanto a República dos Palmares como os outros incontáveis quilombos espalhados pelo espaço físico e histórico-temporal brasileiro representam uma experiência não só de reconquista da liberdade, mas de ordenação existencial por meio de uma organização socioeconômica igualitária e democrática de inspiração africana. A cultura de resistência vital de Palmares provou ser efetiva tanto na diversificação agrícola de trabalho livre quanto na luta armada. E eficaz também na convivência entre negros, índios, brancos e mestiços. Palmares configurou refúgio e abrigo de todos os homens e mulheres ameaçados, oprimidos, destituídos de justiça pela escravidão e pelo regime colonial. Por tudo isso ele representa a mais válida concretização da cultura de libertação – como

---

12. Conselho Deliberativo do Memorial Zumbi. *Resoluções Aprovadas no Seminário para a Criação do Parque Histórico Nacional de Zumbi*. Realização do Memorial Zumbi, em Maceió e União dos Palmares (Serra da Barriga), 22 a 24 ago. 1980. Maceió: mimeo, 1980.

também o representam todos os movimentos negros, brasileiros ou estrangeiros. A luta específica do povo africano espalhado pelo mundo – no sentido de sua libertação socioeconômica e política do imperialismo econômico ocidental e também de sua libertação cultural e espiritual – de nenhuma forma nega ou contradiz sua unidade e solidariedade aos demais povos oprimidos. A luta específica é parte fundamentalmente necessária da luta "global", já que esta se constitui pelo conjunto daquelas.

A assembleia do Seminário fez questão de assegurar, no Conselho Deliberativo por ela eleito no II Encontro Nacional (Maceió, 20-22 de novembro de 1980, marcando o Dia Nacional de Consciência Negra), uma maioria de dois terços, composta de representantes da comunidade negra e de "pessoas que tenham trabalho consequente em relação à situação do negro no Brasil". Esse Conselho Deliberativo constitui o braço executivo do Memorial; suas atividades visam imediata e prioritariamente a conseguir o tombamento do sítio histórico da Serra da Barriga.

Que se saiba, não há neste país monumento histórico que se iguale a esse local. A consciência histórica e cultural dos descendentes africanos e dos brasileiros não eurocentrizados de qualquer etnia reconhece a Serra como espaço físico onde se desenrolou o maior e mais alto heroísmo dos africanos escravizados, no esforço de resgatar a liberdade, identidade cultural e dignidade de sua raça e, portanto, de seu país. O tombamento da Serra da Barriga se impõe como requisito prévio, base indispensável para a concretização do Memorial.

Os negros têm sido os únicos – solitários e incansáveis – artífices de sua própria luta de libertação. Ao mesmo tempo, têm sido as vítimas da história elaborada pelas elites deste país: elites latifundiárias, ou agrárias, do comércio e da indústria, elites do capital, da "cultura", militares e religiosas, todas unidas no usufruto do lucro racista da destituição do afro-brasileiro dos direitos humanos codificados em sua história e cultura de origem, em sua identidade específica e na dignidade de seu orgulho étnico. Neste projeto do Memorial Zumbi, os negros brasileiros afirmam a consciência de sua origem nacional africana enquanto trabalham ombro a ombro com representantes dos poderes públicos, enfrentando o grande desafio de preencher o vácuo histórico causado pela negação sistemática do seu patrimônio de história, identidade e bens de cultura. Pela primeira vez em quatro séculos, a comunidade de origem africana, normalmente ignorada e/ou silenciada em decisões que diretamente lhe dizem respeito, deu sua opinião e teve seus pontos de vista respeitados diante da opinião minoritária do oficialismo institucional.

Muito há ainda por fazer em termos de pesquisa, análise, reflexão, julgamento, proteção, preservação e conceituação do bem cultural afro-brasileiro. Existem, por exemplo, muitos outros locais de quilombos e lutas negras, igualmente significativos como focos da história nacional. Citemos, por exemplo, os quilombos de Jabaquara, em São Paulo; Garimpeiros, em Minas Gerais, onde lutou e padeceu, em 1809, Isidoro, o Mártir; Campo Grande (Minas Gerais, 1726-1759), comunidade de vinte mil africanos alevantados; Fazenda Freguesia (Rio de Janeiro, cerca de 1839). Todavia, temos em Ouro Preto a Encardideira de Chico Rei; os vasos de guerra nas águas da baía de Guanabara, palco da heroica Revolta da Chibata, liderada por João Cândido; em Fortaleza, Ceará, o local da resistência do escravo Constantino (1839); e no Maranhão o território das guerras de Manuel Balaio e Preto Cosme. Os sítios e monumentos históricos e religiosos da Bahia já foram alvo de um projeto de mapeamento proposto à Fundação Pró-Memória pelo GCAC/PMS (Salvador, 1981). Já nos referimos às igrejas católicas tradicionalmente negras e aos sítios e templos religiosos afro-brasileiros. Também há um enorme acervo de história oral negra que, se não for registrado urgentemente, corre o risco de sua memória se perder. Ainda resta a exigência dos afro-brasileiros de que sejam restituídos à sua comunidade os bens culturais confiscados arbitrariamente pelas classes dominantes.

Essa é, portanto, uma abordagem que está apenas no começo, e o Memorial Zumbi representa uma antecipação pioneira do que busca e pretende o segmento afro-brasileiro da memória nacional. Os africanos não vieram ao Brasil por opção. Nós, seus descendentes, avocamos o direito inalienável de reivindicar nossa herança nacional. Estamos conscientes do desafio que se levanta a todos os brasileiros dispostos à construção de um Brasil democraticamente coeso, isto é, um Brasil que respeite a liberdade, identidade e dignidade nacional dos segmentos diversos que compõem nossa unidade plural de povo, cultura, religião, língua e filosofia. Um Brasil assim definido não comporta o genocídio dos índios e está incapacitado de continuar sob o monopólio de uma elite de mentalidade eurocentrista que procura manter o poder à custa de práticas racistas e anti-humanas, negadoras dos valores culturais e humanos dos índios e dos africanos. Por isso mesmo, o Memorial Zumbi constitui-se como verdadeira pedra fundamental na construção desse Brasil democrático e pluricultural – mas, principalmente, plurirracial.

Axé Zumbi, orixá afro-brasileiro!

7. MEMORIAL ZUMBI 2: CONQUISTA DO MOVIMENTO NEGRO[1]

Neste depoimento, pretendemos esboçar um pequeno apanhado da história do Memorial Zumbi como conquista do movimento negro organizado no Brasil. E a história é longa; a esta altura dos acontecimentos, já tem nove anos. Tudo começou em 1980, quando a Universidade Federal de Alagoas decidiu convidar um grupo de intelectuais e militantes da causa negra para discutir a formação de um Parque Nacional Zumbi dos Palmares, no local histórico em que existiu até 1695 a capital do Estado Negro de Palmares. Esse grupo de intelectuais e militantes negros, lá chegando, discutiu o projeto da universidade e o reverteu e virou de cabeça para baixo. O projeto original tinha um caráter predominantemente turístico e, a partir dessa

1. Depoimento de Joel Rufino dos Santos gravado em 1989, a pedido da organizadora deste volume, Elisa Larkin Nascimento, e por ela transcrito e revisado.

reunião, dessa crítica feita pelos intelectuais e militantes negros, passou a ter um caráter prioritariamente político-ideológico. De fato, Palmares foi o episódio mais importante da nossa história social. Seguramente não há na história da América um núcleo rebelde que tenha resistido por tanto tempo. Palmares durou aproximadamente um século dos quinhentos anos de vida que tem o Brasil. Foi mais do que um núcleo rebelde, constituindo-se durante esse longo tempo num verdadeiro Estado alternativo ao Estado metropolitano colonial. Mais do que um Estado, Palmares representou também, durante esses quase cem anos de existência, uma nova sociedade e o embrião de uma civilização original, misto de contribuições africanas, indígenas e até mesmo europeias, sobretudo dos oprimidos, dos discriminados pela sociedade colonial escravista.

Lá chegando, aqueles intelectuais negros militantes, levando em conta a importância histórica inigualável de Palmares, reverteram o projeto da Universidade. A partir daí, pensou-se em erguer, na Serra da Barriga, capital do Estado de Palmares, um conjunto monumental que fosse ao mesmo tempo um ponto de encontro dos movimentos negros democráticos, um centro de pesquisa e um museu da contribuição do negro à formação social, política, econômica e civilizatória do Brasil.

De 1981 até 1990, sucederam-se algumas diretorias no Memorial Zumbi. Esses diretores eram intelectuais e militantes do movimento negro de todas as partes do país. O Memorial Zumbi fica sendo assim, portanto, uma das poucas instituições brasileiras de caráter efetivamente nacional. Na diretoria do Memorial Zumbi, juntaram-se pessoas do extremo Sul do país (Rio Grande do Sul); do extremo Norte (Amazonas, Pará, Maranhão); do Nordeste, e, aliás, sobretudo do Nordeste; do Centro-Oeste e Sudeste (Mato Grosso, Minas Gerais, Rio de Janeiro, São Paulo). Enfim, pela primeira vez estávamos diante de uma instituição de movimento afro-brasileiro nacional.

Abdias Nascimento cumprimenta moradores da Serra Barriga durante visita ao Memorial Zumbi, agosto de 1980.
Foto: Josival Melo

Dom José Maria Pires, o popular Dom Zumbi, arcebispo da Paraíba, celebra a histórica Missa dos Quilombos na Serra da Barriga, local do Memorial Zumbi, em 20 de novembro de 1980.
Foto: Elisa Larkin Nascimento

Além disso, durante esses nove anos de existência, foram atraídos políticos, intelectuais e militantes de causas democráticas no Brasil, particularmente aqueles que tinham sofrido na ditadura militar e buscavam um novo horizonte, uma nova perspectiva para se engajar, já que os partidos políticos em 1980 e 1981 atravessavam mais um momento dessa crise prolongada que caracteriza o jogo político-partidário brasileiro. Com esse segmento e com outros aliados de diversos movimentos sociais, tais como o movimento de mulheres e o movimento das nações indígenas, foi que o Memorial Zumbi cresceu, tanto em sua estruturação interna quanto em seu prestígio social, brasileiro e internacional.

Verificamos, por um lado, a realização de vários objetivos e, por outro, uma impossibilidade e uma impotência na realização de alguns outros. Contudo, o objetivo mais importante alcançado foi consagrar a Serra da Barriga como um local anual de peregrinação. Quando o Memorial Zumbi estruturou-se, em 1981, poucos de nós acreditávamos que a Serra da Barriga fosse ocupar um espaço tão grande do imaginário brasileiro, um papel tão importante nas preocupações dos movimentos negros e democráticos. Tampouco imaginávamos que a Serra da Barriga fosse se tornar um local de visita, uma referência objetiva para esses movimentos. Mas foi efetivamente o que aconteceu. Num certo sentido, Palmares, a Serra da Barriga, tornou-se a Meca dos movimentos negros e democráticos do Brasil. Ao longo desses nove anos, para lá têm ido instituições, entidades, organizações, lideranças e autoridades das mais variadas, provindas dos mais diversos cantos do país. Levados até por objetivos diferentes, mas basicamente peregrinando, subindo a Serra da Barriga no dia 20 de novembro, lá celebrando a vitória da vida sobre a morte, que em última instância foi o que representou Palmares e seu líder máximo, Zumbi dos Palmares. Essa peregrinação vem crescendo desde 1981. Na primeira vez foi modesta, na segunda aumentou um pouco, na terceira diminuiu relativamente, graças a uma série de circunstâncias específicas daquele momento, mas a partir do quarto ano voltou a crescer, até se tornar uma grande festa que congrega milhares de pessoas, mobilizando bastante energia e bastante dinheiro.

O local histórico de Palmares, a Serra da Barriga, é um sítio impressionante, a começar pelo fato de que sua localização estratégica é excelente. Dali do alto da serra – que tem oitocentos metros de altitude, em média –, descortinam-se todos os caminhos do Nordeste. Ao norte, veem-se os caminhos que levam a Pernambuco, principal Estado nordestino, tanto hoje como no tempo em que Palmares existiu. Descortinam-se os caminhos que levam ao agreste, à caatinga, ao sertão árido, o caminho que leva ao litoral, a Maceió e Portugal. Na direção sul, abrem-se os caminhos que levam à Bahia, ao São Francisco. Não por acaso, os guerrilheiros palmarinos ali construíram sua capital: a localização estratégica era perfeita. Por outro lado, a Serra da Barriga foi, naquele tempo (entre 1597 e 1695), durante a existência de Palmares, uma região fertilíssima. Os depoimentos dos viajantes que por ali passavam, os diários dos militares que combateram Palmares durante todo aquele tempo, são unânimes em afirmar que eram de fato as melhores terras da capitania de Pernambuco. Solo excelente, águas ótimas, clima ameno; enfim, um paraíso. Por sinal, a terrível luta empreendida pelos colonialistas para liquidar Palmares tinha embutida essa intenção de ocupar as terras mais férteis da capitania, que do ponto de vista dos colonialistas estavam absurdamente ocupadas por negros fugidos. É, portanto, uma região maravilhosa. Hoje, passado tanto tempo, essa região está completamente tomada pela cana-de-açúcar. A Serra da Barriga é quase uma ilha cercada de canaviais por todos os lados, os quais já sobem a serra ameaçando engoli-la completamente.

Aonde chega a monocultura da cana, esse inferno do Brasil contemporâneo, temos irremediavelmente a miséria.

A região da Serra da Barriga, interior de Alagoas, tornou-se assim uma das mais pobres do Brasil, onde até mesmo o pouco que a população desfrutava antes, no que se refere a habitação, alimentação, qualidade de vida, até mesmo esse pouco diminuiu. Algumas doenças típicas de avitaminose, desconhecidas nessa região vinte ou trinta anos atrás, tais como a xeroftalmia, agora são fato corriqueiro. É, portanto, um quadro de miséria o da região palmarina, que no tempo de Zumbi dos Palmares foi a mais fértil da capitania. Não por acaso a população palmarina, os negros aquilombados em Palmares durante aqueles cem anos, alimentaram-se melhor do que a população colonial em geral. Existem também, numa documentação histórica que possuímos, algumas referências bem precisas em relação a esse fato: a população palmarina alimentava-se bem, era forte, gozava de saúde, tinha um bom exército. A população das fazendas – os pobres coitados, os pobres diabos, como se dizia, submetidos ao latifúndio, à monocultura, à escravidão – era, pelo contrário, pobre, mal alimentada, constituída de péssimos soldados. Desta forma, Palmares contrastava violentamente com a sociedade global.

Um aspecto interessante a ressaltar é que, dentre as conquistas do Memorial Zumbi, está a revelação de uma ampla documentação sobre Palmares, conquista nada desprezível. Durante os nove anos de existência do Memorial, no pequeno alcance das nossas possibilidades, foi possível conhecer uma abundante documentação sobre o Quilombo dos Palmares. A Universidade Federal de Alagoas e o Memorial Zumbi possuem cópias de, aproximadamente, cinco mil documentos manuscritos só sobre Palmares. Essa documentação foi reunida tanto em Pernambuco, Alagoas e Bahia quanto em Portugal e na Espanha – e é interessante esse fato porque ele joga por terra um dos mitos mais arraigados da historiografia brasileira, segundo o qual é impossível conhecer a história dos negros por falta de documentação. Sabemos que a história não se faz exclusivamente com documentos, mas não é verdade que a documentação escrita sobre os negros seja pequena: ela é abundantíssima, particularmente no caso de Palmares. Até aqui são cerca de cinco mil documentos, e tudo indica que uma pesquisa mais cuidadosa, mais sistemática, vá descobrir ainda mais. Essa documentação nos permitiu, por exemplo, reconstituir a vida de Zumbi dos Palmares. Com lacunas, é verdade, pois há fatos e períodos da vida do líder máximo de Palmares que ainda não conhecemos, sobre os quais a documentação é escassa. Entretanto, já foi possível saber como foi sua infância, quais foram os momentos decisivos de sua vida, até sua morte em 1695, em plena luta guerrilheira. É possível, também, por meio dessa documentação, ter uma ideia aproximada de como funcionava a sociedade palmarina, seu governo, seu exército, de como se produzia a riqueza em Palmares e dos lances decisivos dessa guerra sem quartel contra o colonialismo português.

No que se refere às conquistas do Memorial Zumbi, pensamos que, primeiro, a consagração da peregrinação é uma vitória, uma conquista. A revelação da documentação que tanto contribuiu para destruir o mito da impossibilidade de se fazer uma história do negro, a segunda vitória. Uma terceira conquista foi um aumento significativo da sensibilização da sociedade brasileira em relação à questão do negro. É verdade que essa sensibilização vem de longe, começando na década de 1930, quando surgem as primeiras organizações de movimento negro contra o racismo. Mas prossegue no pós-guerra, sobretudo em torno da liderança de Abdias Nascimento, e dá o passo seguinte na década de 1970, quando começam a proliferar em todo o país instituições de movimento negro. O Memorial Zumbi contribui enormemente para tal sensibilização nesse período. Primeiro, porque, ao consagrar a peregrinação à Serra da Barriga no dia 20 de novembro, o movimento negro virou notícia, promoveu o debate sobre o papel do negro na sociedade brasileira, na formação histórica do país, demonstrando que é impossível contar a história do Brasil, os quatro quintos de seu tempo histórico em que durou a escravidão, sem compreender a gesta de Palmares, a epopeia palmerina. Ou seja, Palmares é a chave para a compreensão da história social brasileira, e foi precisamente o Memorial Zumbi que demonstrou esse fato. Tudo isso aumentou enormemente a sensibilização da sociedade brasileira para a questão do negro. Essa sensibilização também aumentou pela atração de lideranças, intelectuais, historiadores, cientistas sociais e políticos que o Memorial Zumbi promoveu. O Memorial Zumbi atraiu toda essa gente formadora de opinião, conseguindo assim significativo avanço num curto período de tempo, mais nesses dez anos do que durante todo o tempo anterior.

Houve também algumas frustrações. Por exemplo, não conseguimos até hoje erguer o conjunto monumental que estava em nossas intenções iniciais após aquela assembleia em Maceió promovida pela Universidade Federal de Alagoas em 1980, quando foi lançada a ideia inicial do Parque Nacional Zumbi dos Palmares. Para explicar esse fracasso, concorre a falta crônica de recursos dos movimentos sociais, incluindo a dificuldade de transitar internacionalmente em busca desses recursos. Para começar, existe uma total insensibilidade do nosso serviço diplomático para esse tipo de questão. Então, nas poucas vezes em que tentamos mobilizar recursos externos, esbarramos na má vontade do Itamaraty. Por essas e outras razões, nunca conseguimos erguer o conjunto monumental que pretendíamos. Isso foi agravado pelas dificuldades surgidas no governo Collor. A área da Cultura, como se sabe, foi muito penalizada e, como o Memorial Zumbi estava ligado desde o início a uma instituição do governo (a Fundação Pró-Memória, órgão do Ministério da Cultura), viu-se prejudicado na alocação de recursos. Estes eram fundamentais para a realização de várias atividades, como as reuniões anuais na Serra da Barriga, as reuniões da diretoria e a expedição de correspondência.

Tudo isso nos falta agora, e não há perspectiva de melhoria nesse sentido, a não ser que o governo resolva atentar um pouco para a cultura e considerá-la uma extensão importante de sua política.

A diretoria do Memorial Zumbi está constituída da seguinte maneira: primeiramente, uma diretoria executiva composta de três membros, presidente, secretário-geral e tesoureiro-geral. Essa diretoria executiva é responsável perante o conselho deliberativo. Tal conselho é formado em parte por representantes de instituições não governamentais do movimento negro, ou a ele ligados, e complementarmente por representantes de órgão públicos, tais como a prefeitura da União dos Palmares (o município onde está localizada a Serra da Barriga), a Fundação Nacional Pró-Memória, o Governo do Estado de Alagoas e alguns outros órgãos públicos, como a Capes (Coordenação de Aperfeiçoamento de Pessoal de Nível Superior). O conselho deliberativo é eleito de quatro em quatro anos por uma assembleia geral, da qual fazem parte todos os movimentos organizados, intelectuais e lideranças políticas de algum modo afinadas com o Memorial ou que tenham, em algum momento, reconhecidamente prestado serviço à causa negra. São, portanto, três instâncias: a *diretoria executiva*, responsável diante do *conselho deliberativo*, o qual é instalado pela *assembleia geral*.

A crônica do Memorial Zumbi ainda está por fazer. Temos reunido alguma documentação sobre episódios decisivos da história do Memorial. Também está reunida a documentação que dá conta dessas peregrinações anuais que temos feito ao alto da Serra da Barriga. Mas ainda não se fez uma crônica sistemática desse Memorial Zumbi. Cremos que seria de enorme importância fazê-la, porque então não somente teríamos a história de uma instituição que funciona na prática como federação de instituições do movimento negro, como também obteríamos um verdadeiro retrato do que foi a luta organizada contra o racismo em nosso país ao longo do tempo.

Os problemas, os dilemas, as contradições e as tendências dos movimentos negros nesses últimos dez anos, de alguma maneira, foram desembocar no Memorial Zumbi. Apenas para dar um exemplo: temos tido nos movimentos negros do Brasil uma controvérsia entre os movimentos especificamente políticos, que explicitamente colocam como objetivo o combate ao racismo, e aquelas instituições, entidades, órgãos e personalidades negras que, embora não objetivando explicitamente a luta organizada contra o racismo, são representativas das comunidades negras. Sua sensibilidade tem, entretanto, nos ajudado a enfrentar esse dilema. São assim dois os grupos, os que se voltam explicitamente contra o racismo e os que não o fazem explicitamente. Esses dois grupos serão movimentos negros, igualmente? No seio do Memorial Zumbi, essas duas tendências, esses dois grandes agrupamentos, os antirracistas (chamemos assim) explícitos e os implícitos têm confluído e trocado regularmente suas experiências, seus pontos de vista e até mesmo superado alguma hostilidade que porventura pudessem ter. Mas objetivamente temos tido, no seio do Memorial Zumbi, a colaboração de representantes do movimento negro político, do MNU [Movimento Negro Unificado] e pais de santo e ialorixás, representantes da comunidade de terreiros, de clubes recreativos, assistencialistas, que em outro momento, fora do Memorial Zumbi, de um modo geral se desconheciam, quando não se hostilizavam. Então o Memorial Zumbi tem sido também um ponto de convergência, uma desembocadura dessas duas grandes tendências dos movimentos negros no Brasil.

Pensamos que, portanto, uma crônica sistemática do Memorial Zumbi seria de grande proveito para a compreensão não só das relações raciais no Brasil, em última instância, mas basicamente dos movimentos negros brasileiros. A história dos movimentos negros ainda está por ser feita, havendo algumas tentativas, realizadas por Clóvis Moura, por Abdias Nascimento e por mim mesmo.

Mas a história do Memorial Zumbi, que a nosso ver é o capítulo mais importante dessa história dos movimentos negros contemporâneos, ainda está por sistematizar. Um capítulo também interessante da história do Memorial Zumbi é a luta pela desapropriação da Serra da Barriga. A primeira preocupação dos fundadores do Memorial Zumbi, já em 1981, era como impedir a depredação da Serra, sua invasão pelos canaviais, pelos latifundiários plantadores de cana, pelos usineiros. Essa foi nossa primeira preocupação. Desenvolvemos nesse sentido uma luta com o Patrimônio Histórico (à época o Sphan, Serviço do Patrimônio Histórico e Artístico Nacional), luta difícil porque não havia antecedentes de tombamento de um bem cultural e físico dos negros, e chegamos a um bom resultado. O Patrimônio Histórico considerou a Serra da Barriga patrimônio histórico nacional; a partir daí começou uma segunda luta, a luta pela desapropriação desse patrimônio e sua entrega ao Memorial Zumbi. Essa luta levou aproximadamente seis anos e culminou com o decreto de desapropriação da Serra e sua entrega à gestão do Memorial Zumbi. Começaria, então, uma terceira luta, que ainda transcorre e que certamente ainda levará alguns anos até chegar ao final: a luta pela preservação do bem tombado, a luta permanente para impedir a depredação daquele bem histórico, físico, arqueológico, simbólico, ameaçado permanentemente pelo latifúndio açucareiro e também, é óbvio, pelo acólito do latifundiário açucareiro, o boia-fria, o sem-terra, o trabalhador do canavial.

Essa luta, desde sua primeira fase até a atual, é uma luta difícil de travar, porque temos poucos aliados. Contamos exclusivamente com o poder dos movimentos negros e das instituições e personalidades democráticas. Mas enfrentamos a indiferença e a hostilidade das oligarquias nordestinas que, por um lado, temem abrir um precedente, para elas extremamente perigoso, da entrega de parte do patrimônio à gestão de uma entidade da sociedade civil, ainda mais de negros, vistos como esquerdistas, subversivos e assim por diante. Por outro lado, essas oligarquias temem, além da abertura de um precedente de natureza política ideológica, a perda do patrimônio físico, já que está em seus planos a ocupação de todos os pedaços de terra em que porventura possa se plantar cana-de-açúcar. Tais oligarquias têm muito mais do que nós, infinitamente mais do que nós, seus representantes no parlamento, nos governos estaduais, nas prefeituras. Manejam de perto autoridades locais, vereadores, prefeitos, políticos – e obviamente têm o poder de formar a opinião pública, poder mil vezes maior do que o nosso, já que contam sempre com jornais, rádios, televisões. Particularmente no caso do Nordeste contam com televisões. Enfim, para os movimentos negros a luta é extremamente árdua, porque se trata de enfrentar a oligarquia mais consolidada e sem dúvida a mais retrógrada do país, a oligarquia canavieira do Nordeste.

Uma crônica sistemática do Memorial Zumbi não poderia deixar de fora o desdobramento que teve o Memorial sobre a luta das nações indígenas. Essa luta vem crescendo muito nos últimos anos. Tais nações indígenas se organizaram em diversas instituições, que juntas formam o movimento das nações indígenas. Em 1983 subiu a Serra conosco, na peregrinação anual de 20 de novembro, o líder indígena Aílton Krenak. Na ocasião, estimulado pela visão daquele belo espetáculo que era a exaltação e a festa de Zumbi do Palmares, começou ele a pensar na possibilidade de resgatar do esquecimento histórico a figura de um herói indígena. Saímos conversando, encontramo-nos algumas vezes depois e decidimos iniciar o resgate de Cunhambebe. Este foi talvez o primeiro grande líder indígena da história da América, antes de Túpac Amaru e contemporâneo de Cuauhtémoc, no México. Ele chefiou uma confederação de tribos tupinambás entre Espírito Santo e São Paulo na luta contra o colonialismo português. Isso em 1555, mal começada a colonização do Brasil. Localizamos uma ilha na baía de Angra dos Reis, no Estado do

Rio de Janeiro, onde Cunhambebe teve sua aldeia principal. Conseguimos reunir cerca de quatrocentas lideranças indígenas de todo o país numa peregrinação à ilha de Cunhambebe, deixando lá plantada uma árvore que simbolizava a tomada de posse simbólica daquele território para as nações indígenas atuais. Estavam lá, além dessas lideranças indígenas, muitas pessoas do movimento negro. Muito bem, foi uma semente lançada como consequência do Memorial Zumbi. É apenas um exemplo. Há outros, mas sem dúvida é um belo exemplo de como o Memorial Zumbi tem estimulado durante esses dez anos iniciativas de caráter semelhante, seja no resgate da verdadeira história do povo brasileiro, seja no resgate de capítulos essenciais de nossa luta social.

Também não se pode deixar cair no esquecimento, neste breve apanhado da história do Memorial Zumbi, o aspecto encantatório, o aspecto mágico, que têm tido no Memorial essas peregrinações anuais à Serra da Barriga. Desde o dia da nossa primeira subida à Serra, em agosto de 1980, essa outra natureza do povo negro, que é o mágico, o encantatório, tem nos acompanhado. Naquela primeira ocasião alguns de nós tiveram visões, alguns de nós se sentiram possuídos por orixás, alguns se sentiram tão fortemente comovidos que a partir de então sua vida ganhou novo sentido, como se houvesse ocorrido um novo nascimento. E o que é mais importante e mais palpável: todos que têm subido a Serra da Barriga nessas peregrinações anuais regressam com uma nova energia para sua luta organizada contra o racismo, uma energia que tem gerado frutos dos mais diversos em pessoas de todo o país. Cremos mesmo que a peregrinação anual à Serra da Barriga é como um ritual de realimentação de nosso Axé.

É preciso também fazer referência, para encerrar este breve apanhado da história do Memorial Zumbi, à presença de ialorixás e sacerdotes em geral do candomblé desde a primeira peregrinação à Serra em 1980, já que nós da diretoria do Memorial tivemos a preocupação de convidá-los, de integrar as celebrações do candomblé. Não se trata de uma discriminação a outros cultos, a outras formas de religiosidade. Trata-se do reconhecimento do papel integrador que tem o candomblé quando está se tratando da ancestralidade negra, do resgate do passado, do fortalecimento de nossa ligação com a natureza, com a terra, com a África, com as raízes da cultura afro-brasileira. O candomblé indiscutivelmente é, no Brasil, o principal depositário de toda essa herança, em que pesem suas transformações históricas e suas divergências em relação à tradição dos orixás como ainda se pratica na África, na Nigéria. Na Serra da Barriga, estiveram presentes sacerdotes da tradição dos orixás no Brasil, como Mãe Hilda, que permanentemente tem estado lá, assim como alguns pais de santo do próprio Estado de Alagoas, da própria Maceió, do Rio de Janeiro, de Minas, do Nordeste (particularmente de Pernambuco). Essa presença da religiosidade afro-brasileira nas celebrações do Memorial Zumbi tem dado a elas um alcance muito maior do que teriam se ficassem limitadas ao plano político-ideológico. É como se o Memorial Zumbi tivesse se ungido, desde sua primeira hora, por essa densa religiosidade brasileira, com seu axé.

8. EPÍLOGO – UM LEGADO VIVO

Abdias Nascimento se juntou aos ancestrais, mas seu legado vive. O Ipeafro continua o trabalho de tratamento técnico, microfilmagem, digitalização e apresentação na rede mundial de computadores do conteúdo de seu acervo documental, museológico e audiovisual. A instituição desenvolve, ainda, exposições, fóruns e ações junto a educadores com o objetivo de contribuir para a implantação da política de ensino da história e cultura de matriz africana.

A inauguração de escolas com o nome de Abdias Nascimento é outro testemunho de seu legado vivo. A primeira delas foi fruto da experiência comunitária de mães que se organizavam para cuidar de seus filhos enquanto trabalhavam, na década dos 1990, no município de São Luis do Maranhão. Sem espaço adequado e condições de infraestrutura, elas apelaram ao poder público e, por intermédio do saudoso ativista João Francisco dos Santos, a prefeitura de Jackson Lago atendeu esse apelo. A inauguração foi um momento de grande emoção e alegria em que tive a honra de presenciar o encontro das mães organizadoras da escola com aquele cujo nome a escolar leva.

Em novembro de 2011, o prefeito de Salvador, João Henrique, inaugurou o Centro Municipal de Educação Infantil (CMEI) Abdias Nascimento em Nova Brasília de Valéria, um bairro de periferia, com sistema de abastecimento de águas pluviais, telha de concreto conjugado para absorver o calor e esquadrias para ventilação e iluminação natural. O compromisso do quadro profissional com o ensino de qualidade e com a política de ensino que o homenageado representa fica evidente em iniciativas como a Mostra de Artes Abdias Nascimento "Conscientizando Através das Artes" e o projeto pedagógico "Eu e o Outro: Crescendo e Formando a Identidade Através da Diversidade"[2]. Inaugurou-se em Londrina o CMEI Abdias Nascimento, cuja professora Gleisse criou um livro infantil a partir do poema "Evocação da Rosa", de Abdias Nascimento. A Escola de Ensino Médio e Técnico (Etec) de Paraisópolis, uma comunidade da capital de São Paulo, teve necessidade de mudar o nome. Os gestores consultaram a população e organizações comunitárias e sindicais. Escolheram o nome de Abdias Nascimento. Lá tive um encontro muito rico com alunos e educadores[3].

No Rio de Janeiro existia o Colégio Estadual Costa e Silva, no município de Nova Iguaçu, na Baixada Fluminense. Num trabalho de conscientização do significado histórico e político do Ato Institucional n. 5, para marcar o 45º aniversário de sua promulgação a comunidade escolar resolveu mudar o nome para Colégio Estadual Abdias Nascimento. A Comissão Estadual da Verdade

2. Prefeitura de Salvador Secretaria de Educação, "CMEI Abdias Nascimento Realiza 2ª Mostra de Artes, 27 nov. 2013; disponível em: <http://www.educacao.salvador.ba.gov.br/>.
3. O livro, e fotos das diversas escolas, estão disponíveis na área "Sala de Aula" da página do Ipeafro: <http://www.ipeafro.org.br/>.

participou da iniciativa, mas a decisão e a escolha do novo nome foram dos alunos e educadores[4].

As Naves do Conhecimento são centros de acesso à internet e à informação digital para comunidades carentes e periféricas, criados pela prefeitura do Rio de Janeiro. No complexo de Vila Aliança – Senador Camará, em Bangu, na zona oeste da cidade, o grupo de ativistas comunitários A História Que Eu Conto ocupava as instalações inacabadas de uma escola desativada. Visitando o local, o prefeito se comprometeu a instalar ali uma Nave do Conhecimento e, atendendo à reivindicação da comunidade, deu-lhe o nome de Abdias Nascimento[5].

A Biblioteca Comunitária Abdias Nascimento foi criada no Subúrbio Ferroviário de Salvador em 2008. Trata-se de "um espaço onde a leitura não se dá apenas pela palavra escrita, mas também, como entre os povos africanos, através da oralidade e da riqueza de elementos que compõem o seu espaço físico". Visando promover a leitura, valorizar a identidade afro-brasileira e fortalecer a autoestima, ela serve como instrumento de apoio na aplicação do ensino de história e cultura afro-brasileira e africana nas escolas[6].

No Estado do Rio de Janeiro, o dia 14 de março é Dia do Ativista em razão do aniversário natalício de Abdias Nascimento[7]. A sociedade civil propõe ao governo do estado a criação do Programa de Incentivo ao Ativismo

---

4. Governo do Estado do Rio de Janeiro, Secretaria de Assistência Social e Direitos Humanos, "Colégio Estadual em Nova Iguaçu Ganha Novo Nome", 14 dez. 2013; disponível em <http://www.rj.gov.br/web/>.

5. "Nave do Conhecimento de Vila Aliança Comemora 1º Aniversário Com Mais de 105 Mil Acessos"; disponível em: <http://sectrj.wordpress.com/>.

6. Biblioteca Abdias Nascimento; disponível em: <http://abdiasbiblioteca.blogspot.com.br/>.

7. Lei Nº 5542, de 17 de setembro de 2009. Sérgio Cabral – Governador, em correspondência ao Projeto de Lei Nº 2161/2009 que Cria o "Dia do Ativista" no âmbito do Estado do Rio de Janeiro, de autoria do Deputado Paulo Ramos, sanciona lei determinando que o "Dia do Ativista" é comemorado no dia 14 de março, pelo dia do aniversário natalício de Abdias Nascimento.

Abdias Nascimento, concedendo dois tipos de bolsas: (1) de apoio a alunos cotistas na graduação ou pós-graduação; (2) para viabilizar a atividade, durante dois anos, de pessoa(s) ou organização(ões) engajada(s) no ativismo social por meio de projeto de comprovado valor social. Ambas as bolsas terão o nome de Abdias Nascimento. A proposta foi encaminhada à Secretaria de Assistência Social e Direitos Humanos no dia 14 de março de 2014, centenário de Abdias Nascimento[8].

O Ministério da Educação criou o Programa de Desenvolvimento Acadêmico Abdias Nascimento para oferecer apoio à formação e capacitação em universidades, instituições de ensino superior e centros de pesquisa de excelência no Brasil e no exterior por meio de bolsas de estudos, auxílio na mobilidade internacional e canais de cooperação. Em convênio com faculdades e universidades historicamente negras dos Estados Unidos, o programa abre oportunidades em ciência, tecnologia, inovação e formação de professores. O combate ao racismo e a promoção da igualdade também são objetivos da cooperação internacional[9].

A Comissão de Jornalistas Pela Igualdade Racial (Cojira), do Sindicato dos Jornalistas Profissionais do Rio de Janeiro, criou o Prêmio Nacional Jornalista Abdias Nascimento, iniciativa que já realizou três concursos, recebendo trabalhos de todo o país em sete categorias: mídia impressa, televisão, rádio, mídia alternativa ou comunitária, internet, fotografia, e a categoria especial de gênero Jornalista Antonieta de Barros. O prêmio incentiva a produção de matérias sobre a questão racial, como no caso de uma emissora alagoana de televisão que não autorizava a realização de uma reportagem sobre a implantação da política de ensino da história e cultura de matriz africana no estado. Quando soube que tal matéria poderia

---

8. Abaixo assinado; disponível em: <http://ow.ly/tEM5M>.
9. Portal Brasil, "Programa Apoiará Política de Cotas Com Concessão de Bolsas". Disponível em: <http://www.brasil.gov.br/educacao/>.

concorrer a um prêmio nacional, mudou de postura. Sou testemunha da qualidade do trabalho, que pude assistir em Maceió por ocasião de um seminário realizado pelo Instituto Raízes de Áfricas.

Mencionei neste epílogo alguns exemplos de iniciativas oficiais, comunitárias e da sociedade civil que continuam e dão nova vida ao legado de Abdias Nascimento. Ele dedicou sua vida às causas da justiça, educação e vida cultural de qualidade para todos, incluindo a população de origem africana com sua herança milenar que se expressa em duas vertentes. De um lado, a criação cultural e artística. De outro, a ação política. A confluência dessas duas vertentes remete à ética articulada desde tempos imemoriais na filosofia egípcia do Ma'at. A vida de Abdias Nascimento exemplifica essa ética e por isso seu legado continua vivo na ação e no pensamento dos jovens de hoje e viverá também para gerações vindouras.

O LEGADO

ENTREVISTA COM BENEDITA DA SILVA

*Para Elisa Larkin Nascimento
e Wânia Sant'anna*[1]

ELISA LARKIN NASCIMENTO: *Deputada Benedita da Silva, agradeço e considero muito importante a sua participação neste livro sobre a atuação parlamentar de Abdias Nascimento, pela sua convivência com ele no espaço público ao longo das décadas de 1980 a 2000.*

A trajetória de vocês dois na política parlamentar se iniciou no mesmo contexto: a reconstrução da democracia no final do regime militar.

Ambos exerceram mandatos, você como vereadora do município do Rio de Janeiro, e Abdias Nascimento como

---

1. Wânia Sant'Anna é historiadora, pesquisadora de relações de gênero e relações étnico-raciais, com vários estudos publicados sobre desigualdade étnico-racial e sobre políticas de ação afirmativa e de direitos humanos. Foi secretária de Direitos Humanos do estado do Rio de Janeiro na gestão da governadora Benedita da Silva (2002).

deputado federal pelo estado do Rio de Janeiro, no período anterior à Constituinte de 1988, quando ainda se lutava pela própria Constituinte e pelas eleições diretas para presidente.

Havia pautas específicas do movimento negro: o direito de voto ao analfabeto; a derrubada da lei da vadiagem; a substituição da Lei Afonso Arinos por uma legislação de criminalização da discriminação racial; o reconhecimento do direito fundiário às comunidades quilombolas. Essas pautas eram suprapartidárias, e tanto você, no PT, como Abdias, no PDT, levavam as demandas coletivas do movimento negro às respectivas casas legislativas. Como vereadora, você propôs e a Câmara Municipal do Rio de Janeiro concedeu a Abdias Nascimento a medalha Pedro Ernesto.

Desse período de convivência com Abdias no âmbito da atuação parlamentar antes da Constituinte, o que você se lembra? O que você não pode deixar de contar?

BENEDITA DA SILVA: Abdias era um trovão. Quando ele abria a boca você estremecia. Parecia que ele incorporava. Por isso ele era tão querido e tão reconhecido. Porque o Abdias brigava mesmo e tinha uma coisa muito legal: ele era PDT e era brizolista, mas ele brigava pelos negros do país. Ele tinha uma capacidade de lutar extraordinária e nós aprendemos muito com Abdias, eu aprendi muito. Principalmente quando você cita essa coisa do Abdias defender os quilombos, o voto do analfabeto. Nós lutamos juntos, e lutamos muito pelo voto do analfabeto.

Outra coisa também é a lei da vadiagem. Eu lembro bem das palavras de Abdias em cada uma dessas ações. Todo mundo parava para ouvir o Abdias e eu parei para ouvir o Abdias. E vivi com Abdias um sincretismo, né? Ele um homem de axé e eu uma mulher evangélica, e sempre nos entendíamos, porque a causa que nós defendíamos era suprapartidária.

ELISA: *Uma das pautas principais, naquele momento, era a desapropriação das terras da Serra da Barriga para* *instalação ali de um Memorial à República dos Palmares. O Memorial Zumbi propôs a desapropriação da Serra da Barriga, a criação do próprio Memorial e impulsionou a criação de um órgão federal para cultura negra e para os quilombos.*

O embrião desse órgão foi a Assessoria de Cultura Afro- -Brasileira, instituída no âmbito do então recém-criado Ministério da Cultura. A gente lutou bastante para fazer esse ministério acontecer! Na primeira gestão, o movimento negro conseguiu criar a assessoria e pautar a organização da comemoração do Centenário da Abolição da Escravatura. O deputado Abdias Nascimento protagonizou essa articulação junto com intelectuais e ativistas do movimento negro. O resultado desse trabalho foi o nascimento da Fundação Cultural Palmares, em 22 de agosto de 1988.

Como você vê essa articulação da sociedade civil com o poder legislativo e executivo que deu luz à Fundação Palmares na década de 1980? Como você avalia a trajetória da Fundação Palmares desde então, até chegar no triste destino que a atual gestão lhe impõe?

BENEDITA: Elisa, o legado de Abdias está presente em cada uma das nossas ações, dos que ficaram vivos. Temos a marca do Abdias em cada uma das ações, dos gestos, das lutas, das marchas, das reinvindicações das políticas públicas e a denúncia que ele fazia de ser só o Rio de Janeiro, só Brizola, que empossou secretários negros, e que precisávamos levar isso mais adiante. E a Fundação Cultural Palmares nasce dessa ebulição.

Carlos Moura[2] tratava desses assuntos lá no Ministério da Cultura, e ele ajudou a planejar o projeto da Fundação

2. Carlos Alves Moura, advogado, ativista do Memorial Zumbi e membro da Comissão Justiça e Paz, foi titular da Assessoria de Cultura Afro-Brasileira, criada na gestão do deputado José Aparecido no Ministério da Cultura. Nessa gestão ainda, o dr. Carlos Alves Moura exerceu o primeiro mandato de presidente da Fundação Palmares (1989-1990). Ele voltou a presidir a fundação na gestão do ministro Francisco Weffort, de 2001 a 2003.

Cultural Palmares, ouvindo, evidentemente, o grande griô Abdias Nascimento e o movimento negro.

Essa fundação foi o único instrumento nacional que nós tivemos para implementar políticas para o povo negro. Ainda que fosse cultural, a Palmares apresentava uma visão bem quilombola[3]. Então, existia o investimento mais forte na Serra da Barriga, aquela luta com os donos de terrenos para oficializar o direito de permanência da população negra ali. Quantas vezes eu vi o Abdias, ali na Serra da Barriga, com muita propriedade fazendo a declaração de que essa desapropriação seria como uma Carta de Alforria.

Os tempos passaram, governos mudaram e hoje a Fundação Cultural Palmares é uma vergonha, não a fundação em si, mas quem é responsável por ela. Eu tive oportunidade de ver na Fundação Palmares os excelentes trabalhos dos nossos artistas, como Abdias Nascimento, Antônio Pompeu e tantos outros. Eu fico triste hoje ao ver aquilo jogado fora. E ouvir as asneiras que nós ouvimos de seu atual presidente, afirmando que nem Zumbi, nem Abdias Nascimento, nem Gilberto Gil deveriam estar na galeria dos que prestaram relevantes serviços ao Brasil.

Imagine se ele conhece a representação maior que foi Abdias Nascimento? Eu não conheci. Na realidade eu não conheci. Nós viemos depois de Abdias e a gente reconhece isso.

Então ter uma arte, ter uma homenagem ao Abdias e vê-la arrancada sob a alegação de que ele não prestou nenhum serviço à nação brasileira?! Que aqui não teve

---

3. A Lei 7.668, de 22 de agosto de 1988, cria a Fundação Cultural Palmares "com a finalidade de promover a preservação dos valores culturais, sociais e econômicos decorrentes da influência negra na formação da sociedade brasileira". Para isso, promove ações, pesquisas, estudos, eventos e intercâmbios nacionais e internacionais "visando à interação cultural, social, econômica e política do negro no contexto social do país". Em 2001, a Medida Provisória n. 2.216-37, atribuiu à fundação "realizar a identificação dos remanescentes das comunidades dos quilombos, proceder ao reconhecimento, à delimitação e à demarcação das terras por eles ocupadas e conferir-lhes a correspondente titulação".

racismo e, portanto, não teve escravidão no Brasil?! Isso é triste, porque, além de ser um grande artista, Abdias se debruçava sobre a questão da situação do negro no Brasil. Mas nada disso é relevado pelo atual presidente.

Certamente é amargo o destino que eles querem dar hoje à Fundação Cultural Palmares. Mas se necessário for, nós vamos continuar lutando, sabe?, ainda ouvindo o grito de Zumbi dos Palmares e de Abdias Nascimento.

Nós vamos lutar por justiça. Já fomos à Justiça e continuaremos a lutar por esse legado que teve as digitais do Abdias e de outros tantos que já se foram, como Antônio Pompeu, a nossa Ruth de Souza, e outras mulheres fantásticas que já foram homenageadas. Gente!, como é que se faz uma coisa dessa?

ELISA: *Na época em que você era vereadora e Abdias Nascimento era deputado federal, vocês viajaram juntos a Israel, correto?*

BENEDITA: Ah, sim, nós fomos a Israel. O Abdias era quem me salvava lá. Parece que aqueles homens nunca tinham visto uma mulher negra. Os caras vinham em cima de mim, eu querendo comprar um tapete... e eu falava, "Abdias, pelo amor de Deus... chega perto!" Os homens ficavam malucos quando me viam na feira. E aquilo era um corredor, né? Tinha ali bijuteria, tapeçaria... ai meu Deus do céu. Foi muito engraçado. Eu lembro que eu falava: "Abdias, você não sai daqui não!"

ELISA: *Ele comentou sobre a comida nessas feiras. Como foi isso?*

BENEDITA: Eu falava: Abdias, tem uma comida universal de que a gente não pode abrir mão. Qual é? O pão. Tem que ter pão. Pão é pão e nos salva. A gente não estava acostumada, né? Ele não estava e nem eu estava. Ele também não gostou, não. Aí ele dizia assim: como é que a gente vai fazer? Vamos atrás de pão. Inclusive, quando eu vou para qualquer país do mundo, eu compro o primeiro pão que eu acho e levo para o hotel. Se tiver alguma coisa que eu não gosto, aí eu como o pão. Como pão e bebo água.

ELISA: *Bené, vocês faziam parte de uma delegação brasileira que fez essa viagem a convite da embaixada de Israel. Era uma política oficial, para que as pessoas, lideranças estrangeiras, conhecessem o país. Teve um momento em que Abdias, deputado, confrontou as autoridades israelenses sobre a colaboração com a África do Sul na questão da bomba atômica e sobre a discriminação contra a população palestina. Você lembra disso?*

BENEDITA: Eu me lembro. Eu me lembro do desconforto da embaixada, da representação diplomática, foi um desconforto, um negócio... e ele continuou falando. Era assim mesmo o Abdias, tinha muita coragem, né? Tinha muita transparência naquilo que ele acreditava e naquilo que ele via.

ELISA: *Vocês não chegaram a visitar aquele pequeno vilarejo, Dimona, onde viviam os israelitas negros de origem etíope, né?*

BENEDITA: Não. Nós queríamos ir lá, mas nós estávamos numa delegação sob o comando do protocolo e eu também falei: não vou arriscar. Vou me perder aqui e eu não vou me arriscar sair. E depois eles também não deixaram. Eles colaram com a gente o tempo todo, mas eu e Abdias queríamos ir lá, visitar os judeus negros.

ELISA: *Bené, você foi uma parlamentar atuante na Constituinte de 1988. Como você vê o legado que Abdias deixou na Câmara dos Deputados com sua atuação na legislatura anterior? Por exemplo, ele apresentou um projeto de lei que definia a discriminação racial como crime de lesa-humanidade, um crime qualificado[4]. Em sua opinião, ele ajudou a*

---

4. PL 1.661, de 1983.

pavimentar o caminho para a chegada dos parlamentares negros em 1988? Ele deu alguma contribuição no próprio processo da Constituinte?

BENEDITA: Claro! Abdias queria mudar a Lei Afonso Arinos. A Lei Afonso Arinos falava da discriminação racial e Abdias queria que isso fosse realmente criminalizado, que a lei prendesse e condenasse pela prática do racismo. Então ele participou de um trabalho que a Câmara fez para a Constituinte, uma revisão da Lei Afonso Arinos. Ele esteve nessa Comissão e deu muita contribuição. Quando veio a Constituinte, Abdias já havia colocado ali as suas digitais para que a lei Afonso Arinos pudesse mudar.

Carlos Moura juntou uma série dos projetos de lei de Abdias que estavam na Casa. E preparou para nós uma discussão para a Constituinte sobre a questão do crime inafiançável e imprescritível. Nós já tínhamos esse elemento que ele deixou na Casa e as ideias do Abdias foram aproveitadas. Nós tivemos isso. Não foi uma coisa só, esse é um exemplo. Quer dizer: foi mesmo um legado que ele deixou para nós, entendeu?

ELISA: *Nas eleições de 1990, Abdias Nascimento compôs, junto com Darcy Ribeiro e Doutel de Andrade, a chapa do PDT para o Senado Federal. Os três exerceriam o mandato pelo partido, cada um durante uma parte do mandato de oito anos. Doutel de Andrade faleceu em janeiro de 1991, antes da posse. Em março, Abdias Nascimento assumiu a Secretaria de Defesa e Promoção das Populações Negras (Sedepron), criada pelo governador Leonel Brizola no Estado do Rio de Janeiro. Em agosto, o senador Darcy Ribeiro voltou ao Rio para dirigir a Secretaria Especial de Educação e Abdias assumiu o assento no Senado, sendo substituído na Sedepron pela professora Vanda Ferreira.*

Você estava no seu segundo mandato de deputada federal. O que você lembra, enquanto parlamentar negra, desse momento da chegada de Abdias Nascimento no Senado Federal?

BENEDITA: Olha, esse momento foi um tititi tremendo lá, na Câmara e no Senado. Aí você vai dizer: mas por quê? Porque nós nos reportávamos ao Senado, nós íamos ao Senado para conversar, para falar... desde a época de Darcy nós conversávamos muito.

Sobre a chegada do Abdias, vou falar sobre a reação ali dentro, sabe? Não lá fora; para fora foi uma maravilha. A negrada festejou muito Abdias, nosso senador e tudo. Mas para os parlamentares ali dentro, quando Abdias vai para a tribuna e se coloca com muita força, com muita propriedade, ele mencionou uma entidade... Aí você já viu, né?

ELISA: *Era uma resposta ao fato de todas as sessões legislativas serem abertas com a frase "Sob a proteção de Deus". Ele dizia "Sob a proteção de Olorum". Ele invocava o Deus criador, pelo seu nome na tradição africana. Não era qualquer entidade.*

BENEDITA: Não era qualquer entidade, com certeza. Foi muito importante a chegada do Abdias no Senado. Depois, ele voltou para a secretaria, não foi?

ELISA: *Foi. Darcy voltou para o Senado e Abdias voltou para a Sedepron. Quando Darcy faleceu, em 1997, Abdias assumiu definitivamente o mandato no Senado. E lá ele encontra você e Marina Silva, duas mulheres negras senadoras. Das duas, você era mais identificada como mulher negra. Então, o que você lembra dessa convivência de vocês no Senado e o que você não pode deixar de contar?*

BENEDITA: Nós formamos uma bancada. Foi muito importante, formamos ali uma bancada. A Marina era menos ativa na questão racial porque se identificava com o meio ambiente, mas ela era muito solidária. Ela compreendia. E depois, na convivência, ela foi entrosando, né? Ela fazia parte daquele clã nosso, que defende o povo indígena e os negros e negras também. Foi importante aquele momento, inédito.

E Abdias, como titular, aí é que ele botou para quebrar mesmo. Porque quando você está como substituto de alguém, por tempo, você fica inseguro: "vou falar aqui e posso estragar tudo, né? Não sei como fica, assim..."

Mas depois que ele virou titular, aí era ele: o Abdias, as suas ideias. Sabe? Sem cuidado nenhum disso ou daquilo. E foi muito interessante. Darcy compreendia muito a questão dos indígenas. Ele compreendia também a questão do negro, mas ainda faltava algo no conhecimento dele. Ele sabia do sofrimento e tudo isso, mas a voz do Abdias tornava a luta do Darcy muito mais forte. Porque Darcy defendia os indígenas, era esse seu carro-chefe e o Abdias defendia os negros e negras e, então, juntaram, quer dizer: não houve uma quebra quando saiu o Darcy e entrou o Abdias, porque ambos falaram da questão racial – um mais sobre os indígenas e o outro mais dos negros e negras.

Foi uma passagem bonita. As roupas do Abdias impressionavam. Ele chegava com aquelas batas bonitas lá. Muito lindo. Você olhava assim e via uma diferença naquele plenário. E depois uma pessoa culta, né? Porque uma coisa que eles tentam logo é folclorizar nossa presença, os nossos coloridos, as nossas tranças. Mas não, Abdias se impôs ali e foi forte.

ELISA: *Você lembra que ele fez uma exposição de pintura no Salão Negro do Congresso Nacional? Aquele piso de mármore preto, belíssimo, refletindo as cores dos orixás dele. Você estava lá, compareceu na abertura da exposição.*

BENEDITA: Foi a primeira exposição feita no Congresso e eu não vi depois nenhuma igual.

ELISA: *E houve um pequeno problema, né? O presidente do Senado que cedeu o espaço para a exposição era Antônio Carlos Magalhães, o governador baiano, que tinha uma* *atitude um tanto patriarcal, para dizer pouco, em relação à cultura afro-brasileira, à tradição dos Orixás.*

Acontece que o Abdias tem um quadro que se chama Xangô Crucificado ou o Martírio de Malcolm X. Esse quadro é um Cristo negro crucificado, mas tem um pequeno detalhe, aliás, anatomicamente correto, que a pessoa tem uma ereção. Uma tela entre mais de trinta. E aí, Bené, você deve lembrar: não saiu praticamente nada na imprensa sobre a exposição. Um silêncio geral. A única coisa que saiu foi na coluna de Ricardo Boechat: um comentário sobre o Cristo com ereção. No ato, o senador Antônio Carlos Magalhães jurou que nunca mais faria uma exposição de arte nas dependências do Congresso Nacional.

Agora, eu acredito que para muitos cristãos isso aí não foi problema porque é uma questão artística. Não sei se vocês ficaram incomodados com aquele quadro?

BENEDITA: Eu não. Porque eu vejo a arte como arte, entende? Eu não vejo assim, uma censura. Quando vemos arte como arte você não leva em conta se existe ereção ou não. Eu fui a uma exposição no Banco do Brasil de fotografias, mas eram umas fotografias, gente, que lindo! Eram imagens de mulher, criança mamando, mas todas nuas. Uma mamando, outra gorda mostrando aquelas belezas e o preto e branco, que coisa fantástica.

ELISA: *Em vários momentos, houve tentativas de se criar uma ação coletiva dos parlamentares negros no Congresso Nacional. Houve conferências nacionais e internacionais de parlamentares negros. O que você lembra da sua convivência com Abdias Nascimento no contexto da construção dessa proposta de atuação coletiva de parlamentares negros?*

BENEDITA: Nós criamos uma Frente Parlamentar Brasil-África. Infelizmente, os poucos negros que havia não se interessaram por essa proposta coletiva. Éramos eu, Abdias, Paulo Paim, Edmilson Valentim e Caó. Existiam outros negros, mas... nem pensar discutir essa questão. Eu lembro de um pastor, cujo nome era Jesus. Ele se recusava. Dizia que Deus não faz a separação de pessoas. Não faz mesmo, mas nós fazemos. Era isso que eu dizia. Então, vamos cuidar disso aqui, agora. Era o aprendizado com o Abdias. Mas não morreu a ideia porque, hoje, você encontra a Frente Quilombola na Câmara dos Deputados, você encontra a Frente Brasil-África de Combate ao Racismo.

Então existem frentes que são criadas e vamos assumindo o sonho de Abdias de construir essa proposta de atuação coletiva de parlamentares negros. Hoje também está acontecendo. Eu faço alguns projetos com as mulheres negras do PSOL, elas fazem alguns projetos comigo e com outras mulheres negras. Eu precisava dizer isso, entende? Porque às vezes a gente pensa que plantou uma semente e ela morreu. Não! Ela não morre. Ela foi plantada em boa terra e nós estamos aqui ainda, né? Então, a continuidade está em nós. Amanhã eu não estarei mais aqui, mas alguém vai dar continuidade. Enquanto nós estivermos vendo o final da fila não podemos parar.

ELISA: *A legislação da empregada doméstica, era uma coisa que, desde a década de 1940, Abdias já cuidava. Como deputado, ele propôs a instituição do Dia Nacional da Empregada Doméstica, e se articulou para cuidar de uma legislação própria desses direitos. Mas o assunto é complexo e ele queria construir coletivamente. Faltou-lhe tempo.*

BENEDITA: Mas essa é outra questão que não morreu e que nós demos continuidade a esse trabalho[5]. E por que o Abdias cuidava disso? Porque a trabalhadora doméstica é o retrato da escravidão. Uma escravidão sofisticada na qual se bota uniforme, bem bonitinho. "Vá passear com cachorro". E "eu não tomo conta do seu filho" e então ele

---

5. Benedita da Silva propôs e o Congresso aprovou a Lei Complementar n. 150, de 1 de junho de 2015, que dispõe sobre o contrato de trabalho doméstico.

morre[6]. Vá trabalhar com pandemia, mas eu não te digo que estou com Covid-19 e eu te contamino e você morre[7]. Sabe? É essa coisa, né? Então, Abdias tinha essa consciência de que a trabalhadora doméstica é o símbolo da escravidão e ele tocava isso... ele via isso como algo histórico.

WÂNIA SANT'ANNA: *Bené, ultimamente a gente tem uma renovada com a participação de mulheres e de negros na política, né? Ainda nos falta muito. Você está na luta. A sua representação no TSE para que a gente tenha o fundo partidário é um apoio necessário e eles querem abolir esse fundo com a reforma. E tanto você quanto Abdias são, sem dúvida, uma referência para todo o país. Então, a minha pergunta para você é a seguinte.*

Qual é a coragem que jovens negros ou não tão jovens, meninas ou rapazes, enfim, qual é a coragem que eles têm de ter para ir para a política partidária e ser representante, ser deputado federal, estadual, vereadora. Qual é a coragem?

BENEDITA: A coragem é de ser negro. Porque está desempregado, porque está com fome, porque estão matando os negros. Porque estão decidindo sobre o seu corpo, né? Então, o povo negro não está nos espaços de decisão. Qual é a coragem? Essa é a coragem. Eu sou uma mulher negra e eu vou disputar eleições como negra, para defender o combate ao racismo, combater o racismo estrutural e institucional – e no institucional, minha querida, temos que empretecer lá o Congresso Nacional brasileiro, os legislativos estaduais e municipais. Isso é fundamental e importante. As mulheres e os homens negros devem marchar juntos para 2022, sem medo de ser feliz.

---

6. Miguel Otávio Santana da Silva, de cinco anos, era filho da doméstica Mirtes Renata Souza, que trabalhava no apartamento do prefeito de Tamandaré, Sérgio Hacker, e da primeira-dama, Sari Corte Real. Miguel morreu ao cair do nono andar do prédio em Recife em razão da negligência da patroa, que o deixou sozinho no elevador. Ver: <https://atarde.uol.com.br/brasil/>. Acessado em 02 set 2021.

7. Ver: <https://g1.globo.com/rj/>. Acessado em 27 out. 2021.

Porque o sofrimento é grande. Qual é a coragem que se tem? O que me move, senão a minha fé, a minha esperança, o meu desejo, a minha vontade de ver um país com justiça, com paz?

Então, existe uma coisa que eu aprendi na *Bíblia*: se você quer que um dos seus chegue a algum lugar, lute para que isso aconteça. Mas se você chegar primeiro nesse lugar, você tem o papel, o dever, a fé, a coragem de puxar para que, na caminhada, você, quando olhar para trás, não vá ver o final da fila. Essa é a coragem. Eu não quero ver mais o final da fila. Até agora eu tenho visto o final da fila, mas eu não quero mais ver o final da fila.

ABDIAS NASCIMENTO E NÓS: RELATO DE HERANÇAS SECULARES

Erica Malunguinho[1]

Ao ser convidada para este escrito, muito se passou na minha cabeça. Desde a mais nobre vaidade por me ver nesta publicação que exalta a memória do multidimensional militante Abdias Nascimento até o que efetivamente me faz estar aqui. Para que isso se torne palpável, farei uma breve descrição desta que vos fala.

Eu me chamo Erica Malunguinho, mais precisamente Erica Malunguinho da Silva. Sempre me perguntam sobre

---

1. Erica Malunguinho é educadora, artista plástica e performer; pedagoga e mestra em Estética e História da Arte. Tornou-se a primeira deputada estadual transsexual eleita no Brasil, em 2018, no estado de São Paulo. É criadora e gestora do quilombo urbano Aparelha Luzia, Território de Artes, Culturas e Políticas Pretas. Foi listada pela 74ª Assembleia Geral da Organização das Nações Unidas (ONU) entre os "100 Afrodescendentes Mais Influentes do Mundo" em 2020.

a origem do meu nome, como se fosse este um "nome social". Não sabendo eles – os perguntadores – que reestabelecer os vínculos que me fazem presente enquanto ser consciente da história também perpassa por romper os ciclos de batismos compulsórios, que levamos das águas da pia batismal. Isso não é algo que se resolva tão facilmente, posto que se trata de uma equação com muitas variáveis. É uma resolução minha e, portanto, legítima. Podemos chamar de reparação histórica, tema que na posição de Abdias se diz "compensação histórica".

Nasci no Recife, capital de Pernambuco, no dia 20 de novembro de 1981. Venho de uma família totalmente negra e indígena. Assim afirmo porque não temos registro nenhum da presença de outros grupos étnicos nesse núcleo familiar. Portanto, caso os outros grupos étnicos se interessem por este debate, que lutem para pertencer. Onde não há registro não há história. Foi assim que fizeram conosco, população negra e indígena, que, a duras penas, refizemos os passos para recontar a verdadeira história do Brasil. Não sem, obviamente, aperfeiçoá-la em todos os sentidos. Essa é nossa natureza e a nossa contribuição nisso que se conhece como cultura brasileira.

Minha família, tanto materna quanto paterna, residiam no bairro mais negro do Recife, Água Fria. É lá que foi construído o primeiro terreiro de Candomblé de Pernambuco, o Ilê Obá Ogunté, conhecido como "Sítio do Pai Adão". Coincidentemente, esses dois núcleos familiares eram oriundos da mesma região, a Zona da Mata Norte, antes do êxodo que os levou à capital, a partir da cidade de Tracunhaém, tida como a terra da arte no barro.

Também no bairro Água Fria existe a sede do Caboclinhos Sete Flexas, criado pelo Mestre Zé Alfaiate. Os Caboclinhos têm uma relação profunda com culto da Jurema e são conhecidos localmente como "Blocos de Índios". Eles saem no carnaval, apresentando um rico vestuário característico, dançando a guerra e a caça.

Embora nascida no Recife, me mudei para a cidade

de Paulista, localizada na Região Metropolitana do Recife, onde fica a praia do Janga, tão bem entoada pela cirandeira Lia de Itamaracá.

Cresci apreciando e vivendo o rico tecido cultural de Pernambuco, manifestações diversas como a ciranda, os caboclinhos, maracatus rural e nação, o coco, la ursas, papangus e mascarados... Todos esses folguedos são carregados de personagens quase míticas. Ressalto aqui a figura do caboclo de lança, representação forte do carnaval pernambucano e que eu via além das sambadas de maracatu rural, pois eles andejavam por muitos lugares com seus badulaques inconfundíveis e sua indumentária reluzente.

Foi em Pernambuco que iniciei minhas pesquisas em artes performáticas, elaborando questões de construção de identidades de gênero e de sexualidade. Ao chegar em São Paulo, aos vinte anos de idade, continuei a pesquisa, adentrando o universo da educação. Me deparei com uma cidade explicitamente racista, fato que fez meu cabelo crescer, literalmente, às alturas de um frondoso *black power*, enquanto mergulhava nas reflexões sobre as relações raciais. Até então, por ter uma família, amigos, escola e professores negros, essas relações se davam em outras atmosferas. Isso, obviamente, não me livrou de viver o racismo em Pernambuco, mas me protegeu, à medida que essa rede estava posta como uma sagrada realidade.

Fui professora por anos, de crianças da mais tenra idade até adultos (professores). Foi com as crianças que aprendi o melhor da vida, como se constroem os saberes. Aprendi que somos sempre aprendizes, e que, toda vez que nos deparamos com algo novo, nos tornamos novamente principiantes, tateando a novidade com o repertório já adquirido. Foi juntando arte e educação como estratégia política para a emancipação coletiva por meio do sensível que compartilhei o que denominavam "ampliação do universo cultural". Desde sempre, minhas investigações permeavam o âmbito das artes, culturas e políticas considerando os fundamentos de raça e de gênero. Ao passo em que naquele momento eu trabalhava oficialmente na educação, estava envolvida como ser político e politizado em todas áreas em que atuava, observando de perto e ativamente o desenho que se construía à revelia dos princípios do mais que necessário bem-estar.

Para pensar a política em tudo isso, é necessário fazer uma contextualização:

A família que me pariu tinha relações muito peculiares com a política institucional. Minha avó, dona Maria José da Conceição (1907-1981), era uma militante. Não dessas que conhecemos por participar de organizações, mas daquelas que entendem a política institucional como parte da vida e um dos vetores para solução dos problemas da realidade.

Dona Maria José era uma fã ávida de Miguel Arraes (1916-2005), político atuante em Pernambuco que no decorrer de sua história acumulou diversos cargos eletivos. Porém, é na sua eleição para o governo do estado, em 1962, que encontro elementos pra discorrer sobre o que aqui nos interessa.

O governo de Arraes tinha ligações com a luta ruralista e fortaleceu a criação de sindicatos. Minha avó tinha ligações com essa luta, tanto que Francisco Julião (um dos líderes das Ligas Camponesas) apadrinha minha amada mãe, Abgail (1944). Miguel Arraes foi preso durante o golpe militar de 1964. Minha mãe conta histórias fascinantes sobre minha vó nesse período. De suas idas à delegacia e das manifestações de apoio ao governador. Por que isso é tão importante nesta narrativa? Porque a despeito da condição de gente empobrecida pela imposição de uma hegemonia racial branca, havia um entendimento precioso acerca da política institucional.

Cresci ouvindo essas histórias, vendo também meu avô observando todo esse movimento. Eu, desde criança, elaborava esse cenário. Não à toa, brincava de fazer eleições com as crianças do bairro; já adolescente, era convidada pelos amigos da escola pra falar, embaixo do pé de tamarindo, sobre o processo democrático... Eu sempre soube que a política estava ali, em algum lugar.

Mais tarde, já adulta, ampliei a noção de política para minha atuação profissional como professora e artista. Tornando-me um ser político. Mais tarde ainda, essa noção se expandiu e chegou no princípio de tudo: percebo que meu corpo é político. Por tudo o que ele é, o que o constituiu, o que viveu, sobreviveu, pensa e faz.

O Reencontro Com Abdias Nascimento

Acredito que devemos chamar assim a reconstituição dos elos que nos fazem ser gente preta, viva e presente no mundo. Afinal, o que me faz estar aqui descrevendo um pedaço fundante da minha vida numa obra que reverencia um dos baluartes da atuação negra na contemporaneidade sem objetivamente ele ainda estar aqui?

A resposta está nas próprias proposições de Abdias, em seus anseios de uma presença negra constituída pela sua própria historia, consciente e crítica daquilo que nos foi imposto.

Eu não fui parida pelo ventre de um navio! Sou fruto de frondosas árvores, de biomas generosos que nos legaram, a partir dos saqueios coloniais, a luta pela vida como principio básico da permanência e continuidade. Me considero, sim, filha em linha reta de Abdias Nascimento. De Lelia Gonzalez, Beatriz Nascimento, Tia Ciata, Zumbi dos Palmares, Acotirene, Dandara, Toculo, Ifá Tinuke, dona Ivone Lara, Mestre Zé Alfaiate...entre tantas e tantos outros. Minha família que me pariu em ventre também. Somos uma comunidade, um quilombo além do território físico. Somos o quilombismo em movimento.

Dessa maneira, como artista, professora, ser político, construí, com irmãs e irmãos, diversas ações performáticas que questionavam as estruturas de poder. Compartilhei conhecimento em incontáveis situações de aulas, construí eventos, festividades. Me tornei uma agente cultural independente. Continuei a estudar, conquistei a titulação acadêmica, realizando mestrado em Estética e História da Arte, aceitando em outros níveis a missão dos anteriores: dar continuidade a uma narrativa que por séculos prediz o agora. Seguindo os passos da ancestralidade negra, na qual Abdias está inserido, caminhei pelas frestas para fortalecer a construção de um projeto político profundo, que estivesse disposto a destrinchar e encarar com coragem as ramificações do projeto colonialista.

Em 2015, durante o mestrado, na busca de romper o ocidentalismo acadêmico, começo autonomamente a pesquisar e me aprofundar em literaturas que vêm ao encontro do que chamo de verdade anticolonial. É assim que me deparo nesta cronologia com Abdias Nascimento. Reitero, entretanto, que na temporalidade de Iroko (orixá que rege o tempo e a ancestralidade), e não de Cronos (deus grego do tempo), já estávamos em conexão. Na sua luta, Abdias zelou para que pessoas como eu estivessem aqui onde estou. Além de todo o arcabouço intelectual presente na sua obra, algo muito especial fez dele uma grande referência para mim. Nunca antes tinha visto um currículo tão vasto no sentido da multidimensionalidade: ator, artista plástico, político, poeta, professor... Ele era a cosmovisão em pessoa. Posso dizer com todas as letras que me reconhecer no trabalho de Abdias é me sentir autorizada a me mover nesses tantos caminhos da arte, da cultura, da educação e da política. Quando em muitos momentos me questionei por estar construindo um currículo difuso e disperso, fui restaurada pela sua história.

Foi então que, em 2016, já fatigada pela limitação das instituições e num crescente movimento de além-afirmação, propositivamente pari sem ventre a Aparelha Luzia, um quilombo urbano, território de criação, mediação e circulação de artes, culturas e políticas pretas. Aparelha pode ser vista também como uma instalação estético-política, zona de afetividade e bioma das inteligências negras. Esse quilombo é uma síntese de onde toda a pesquisa de vida aqui descrita se movimenta em amplas dimensões, pensando raça como fundamento para continuidade de uma narrativa coerente para o enfrentamento das questões e resoluções das violências estruturais. E não distante tem as dimensões de gênero, também, como fundamento. Não à toa, essa filha foi parida por uma mulher trans ou travesti, como queiram.

Duas filosofias importantes regem tal lugar. Uma é a reintegração de posse, termo conhecido na gramática jurídica, para proteção da propriedade num processo de legitimação da grilagem secular deste país. Aqui digo "reintegração de posse" como estratégia epistemológica de um questionamento primaz: quem são os verdadeiros donos? Quem aqui já estava e quem literalmente levantou este país no braço? Da mesma forma que essa ideia também deve ser atribuída a toda produção intelectual e cultural dos povos negros e indígenas, no sentido de que quando se tornam atividades lucrativas passam para os domínios das mesmas mãos brancas oriundas das caravelas ou de outros processos migratórios.

Uma segunda filosofia é a "alternância de poder", que significa resolver um simples cálculo. Toda projeção político-institucional deste país perpassa pela transferência de poder para o grupo hegemônico que sempre o dominou, a branquitude. Temos o resultado à mostra: um país desigual, violento e doente. Alternância de poder é o que considero um reequilíbrio de forças, uma necessidade urgente para mudança dessa realidade. Significa elevar a estética negra e indígena para o lugar de decisão. Estética aqui vista como forma, aparência, fenótipo, mas, não obstante, como conteúdo, conhecimento e ciência. Assim deve caminhar a democracia se assim desejar sê-la.

Deste laboratório, nas eleições de 2018, com 54 mil votos, me tornei a primeira mulher trans negra do mundo a se eleger parlamentar e a primeira no Brasil a se eleger deputada, tendo sido eleita para a Assembleia Legislativa do Estado de São Paulo – Alesp. É importante pontuar que o que me leva à conquista dessa cadeira foi um discurso radical em torno dos fundamentos de raça e gênero. Desde o momento em que fui eleita e nomeada deputada estadual na Alesp, tenho buscado fortalecer importantes debates relacionados ao povo preto e às populações marginalizadas, como a população LGBT, os indígenas, a população em situação de rua, a população em privação de liberdade, alvos constantes de projetos do governo do estado, que ao invés de garantir-lhes direitos, os tira. Esse projeto legislativo tem como princípio ser político e pedagógico, pois se não aproximarmos as pessoas da política, assim como minha avó intuitivamente o fez, pouco teremos a caminhar no interior de uma estrutura feita para nos excluir. Todavia, não basta termos parlamentares negras e negros se eles não representarem as reivindicações históricas do movimento negro. Repito: estética é forma e conteúdo.

Na Alesp, construímos um gabinete peculiar. A Mandata Quilombo, feita por pessoas negras em sua totalidade e numa distribuição compensatória de mulheres e LGBTQIA+ como maiorias.

A atuação política de Abdias Nascimento se estende à institucionalidade e traz consigo aquilo que priorizamos nesse projeto político-institucional: a representação fidedigna no parlamento daquilo que foi pensado, produzido e elaborado pelos movimentos negros brasileiros. Sua produção como parlamentar foi vasta e complexa. Dedicando-se ao povo negro, podia ser visto por leigos como "deputado de uma pauta só", mas abordava com profundidade o racismo em suas proposições, visando mudanças estruturais na sociedade brasileira. Ao propor que o racismo passasse a ser crime que lesa a humanidade, em seu Projeto de Lei 1.661 de 1983, equiparado ao antissemitismo nazista e ao *apartheid* sul-africano, Abdias aponta para tal materialidade ao dizer que discriminação racial é a "prática de quaisquer atos ou omissões que, de maneira explícita, dissimulada ou empírica, dispensem tratamento diferenciado, ofendendo-as ou causando-lhes prejuízos materiais ou morais". Na mesma peça legislativa, ele já apontava para a grande produção cultural racista da branquitude ao criminalizar as produções que viessem a "[s]ubestimar, estereotipar ou degradar grupos étnicos, raciais ou de cor ou pessoas pertencentes aos mesmos por meio de palavras, imagens ou representações, através de quaisquer meios de comunicação."

O racismo não ronda nossas vidas de forma imaterial, ele é uma matéria, metrificável. Abdias explicita a materialidade do racismo ao apontar para a necessidade de proporcionalidade de presença da população e cria o mecanismo de "discriminação de natureza empírica" para julgar as distintas proporções de negros e brancos em determinados espaços, observando que o racismo se manifesta na presença majoritaria de negros e negras em determinadas espaços e em sua ausência em outros.

Esse projeto de Abdias é uma referencia para criação de um de nossos projetos, o Projeto de Lei 404 de 2020. Nele, propomos a retirada de monumentos, estátuas e bustos que prestem homenagem a escravocratas ou eventos ligados à prática escravagista, devendo assim serem retirados de vias publicas e armazenados em museus. Da mesma forma, propomos que prédios, rodovias e locais públicos sejam renomeados. É exatamente pela via da degradação e do desrespeito à história vivida pelos povos negros que tal monumentalidade é construída no espaço público.

Entender as profundidades do racismo passa pelo complexo entendimento da sua estrutura e dos símbolos que foram perpetuados para mantê-lo em curso, da mesma forma que, traçando um paralelo do racismo brasileiro com o antissemitismo alemão, significaria fazer uma associação imediata da possibilidade absurda de ter imagens do ditador alemão Adolf Hitler espalhadas pelas ruas.

Outro projeto de Abdias Nascimento é importante para essa narrativa: o Projeto de Lei 1332/1983 que trata de "ação compensatória", visando a implementação do princípio de isonomia social do negro, propondo cotas raciais robustas e minimamente compatíveis com a necessidade e a complexidade da experiência negra brasileira. A peça projetava cotas de 20% para homens negros e 20% para mulheres negras em toda a administração pública, direta ou indireta, federal, estadual ou municipal, dos poderes executivo, legislativo ou judiciário, em todos os níveis hierárquicos do trabalho "particularmente aquelas funções que exigem melhor qualificação e que são melhor remuneradas".

Abdias, com o auxílio de intelectuais negros e negras que o antecederam e também de seus contemporâneos, já desenhava suas proposições com sofisticação, entendendo que raça e gênero caminham juntos. Compreendia a necessidade de evidenciar que a presença de mulheres em espaços de poder era uma urgência. O mesmo projeto previa outras ações compensatórias, como a presença negra por meio das cotas no corpo de diplomatas brasileiros; a modificação dos currículos de todos os níveis de ensino, visando a mudança da imagem social do negro por meio da inclusão da história afrobrasileira positiva; o incentivo à criação de centros de estudos e pesquisas afro-brasileiros; as cotas para bolsistas em instituições privadas de ensino; o treinamento para atuação antirracista nas polícias; e a inclusão do quesito raça nos censos demográficos.

Não temos no nosso gabinete nenhum projeto que trate efetivamente de "ação compensatória" ou política de cotas, e considero esse um fato positivo. As ações afirmativas preconizadas por Abdias estão em curso, ainda que timidamente, pois a urgência para reparação deveria ser equivalente aos números condizentes com a população negra na atualidade, assim como foi feito naquela época. Todavia, já é possível vislumbrar, tanto em universidades federais e estaduais quanto em cargos públicos, a cotificação, ainda que deixe a desejar no que tange o fundamento de gênero.

Essa agenda também tem se inserido no poder privado, de modo que o número de empresas que aderem ao *slogan* da "diversidade" tem aumentado no decorrer dos tempos (caberia um outro artigo pra refletir acerca desse conceito de diversidade assim como ele opera na prática). É certo que não desejo aqui minimizar a urgência de ampliação da política de reparação/compensação, por exemplo, no que diz respeito às universidades. O corpo docente ainda é uma questão, assim como as políticas de permanência estudantil e o currículo escolar.

Por fim, desejo enfatizar que no nosso gabinete estamos agindo integralmente em torno dessa política de compensação, condicionando a totalidade de nossas ações para o acolhimento, proteção e encaminhamento das demandas dos mais diversos grupos e organizações que trabalham com o fundamento racial e de gênero. De modo a sempre racializar os "grandes temas". Neste momento de pandemia, protocolamos o Projeto de Lei 281 de 2020 que implementa medidas de garantia da equidade na atenção integral à saúde da população negra em casos de epidemias ou pandemias, surtos provocados por doenças contagiosas, ou durante a decretação de estado de calamidade pública. Assim como estamos elaborando proposições em torno da política de drogas, encarceramento em massa, letalidade policial, LGBTQIA + e população em situação de rua, entre outros temas que emergem desse solo fértil e tenebroso chamado patriarcado e colonialismo.

Abdias está presente em nós, seja nas práticas que construímos no âmbito institucional, seja pela segurança de sentirmo-nos protegidas pelos nossos antecessores. Na consciência de que outras pedreiras já foram quebradas, de que somos continuidade infinita em um projeto de revolução que tem como centro o rompimento do racismo e da violência de gênero. Um projeto que fala de nós todes que fomos colocadas à margem, mas que com toda generosidade, tal qual aquela com a qual fundamos a cultura brasileira, é instrumento para emancipação coletiva. É esse o grande projeto da negritude brasileira.

Se estiver bom pra nós, vai estar bom pra todo mundo. Este é o contragolpe black trans paranauê.
Laroiê!

ABDIAS, GRIÔ DA LUTA NEGRA NO BRASIL, SEU LEGADO ESTÁ VIVO!

Talíria Petrone[1]

Abdias Nascimento foi um precursor para nosso povo negro brasileiro. Em muitos temas foi um vanguardista, um abre-alas, um Exu. Era filho de Oxum, mas trazia na sua trajetória a marca ancestral de um articulador, desatador de nós, comunicador por excelência. Como disse

---

1. Talíria Petrone é mulher negra, feminista, socialista, professora de História pela Universidade do Estado do Rio de Janeiro – UERJ e mestre em Serviço Social e Desenvolvimento Social pela Universidade Federal Fluminense – UFF. Em 2016, foi eleita a vereadora mais votada de Niterói, cidade onde nasceu. Foi presidente da Comissão de Direitos Humanos da Criança e do Adolescente e teve um dos mandatos mais jovens e propositivos da casa. Em 2018, foi eleita deputada federal pelo Psol, com 107.317 votos. Atualmente, é líder da bancada do PSOL na Câmara. É mãe da pequena Moana Mayalú e entende que é urgente tratar a maternidade como ato político.

uma vez Léa Garcia, um Exu-Oxum. Ele foi o primeiro parlamentar da casa engajado no combate ao racismo e figura até hoje como um dos mais emblemáticos representantes dos movimentos negros no Congresso Nacional.

Lendo esta obra – que traz preciosidades sobre a atuação parlamentar de Abdias –, me percebo impressionada com o tanto de violência que ele experimentou na política institucional. A violência política ainda continua encontrando corpos negros que ousam querer destituir do poder parte da elite brasileira, historicamente branca e masculina. São imensos os desafios. Quantas vezes nossos discursos antirracistas são ridicularizados? Quantas vezes somos interrompidas? Quantas vezes nossos saberes são questionados?

Em pronunciamento transcrito neste livro, o deputado Abdias Nascimento denunciava o caráter racista de uma das obras de Jorge Amado. A reação dos deputados em plenário foi carregada de absurdos, como a acusação de defender uma "ideologia insana". A resposta foi firme, denunciando "a tentativa de calar os negros que não se submetem à censura e intimidação da elite eurocentrista dominante". Esse episódio, em que muitos deputados afirmaram não haver racismo no Brasil, poderia ter ocorrido na Câmara Federal hoje. Era 1983, quando Abdias Nascimento assumiu seu primeiro mandato, mas no tempo presente ainda ecoa forte o famigerado mito da democracia racial.

Recordo-me de um recente discurso carregado de racismo feito por um deputado que presidia a sessão na Câmara Federal, diante de uma mobilização de indígenas no entorno do Congresso Nacional. Ao associar rituais indígenas a uso de drogas e chamar indígenas em luta de "índios tentando invadir a casa legislativa", o deputado proferiu uma fala racista. Da tribuna, eu expressei minha indignação diante da reprodução de um estereótipo racista de "índio selvagem" e de um desconhecimento completo da história e realidade dos povos indígenas.

O descontentamento foi tamanho que o deputado resolveu me processar por calúnia.

Precisei, depois disso, pedir novamente a palavra e explicar o que é racismo. Trago esse relato para dizer que só pude ir à tribuna, enquanto deputada federal e mulher negra, porque Abdias Nascimento abriu caminho para nossa existência no parlamento. Mas também para trazer aqui uma trágica realidade: como é possível, quarenta anos depois da atuação dele, ainda não compreenderem que o racismo estrutura todas as outras relações sociais brasileiras? Quanto tempo levará para enterrarmos o mito da democracia racial e priorizarmos o enfrentamento ao racismo?

Não foram em vão as dores de Abdias nessas tribunas tão embranquecidas. Penso nele, e em Antonieta de Barros, primeira mulher negra deputada no Brasil, quando sofro aquela mesma solidão no trabalho parlamentar. O corpo treme ao escrever estas linhas, pois sinto o axé de Abdias, Antonieta, Caó e outros que abriram alas para nossas vozes ecoarem hoje por estes corredores frios do parlamento.

Sem dúvida, é preciso multiplicar o legado de Abdias Nascimento e isso significa ter mais negras e negros nos espaços decisórios. Não é mera representatividade. Foram de Abdias os primeiros projetos de lei na Câmara Federal propondo políticas públicas de igualdade racial (PL 1332/83) e definindo a discriminação racial como crime qualificado, de lesa humanidade (PL 1661/83), projetos esses que esbarraram em tantos entraves que foram arquivados antes da Constituição Federal de 1988. Foi dele, ainda em 1983, a proposta de instituir o Dia Nacional da Consciência Negra. Foi Abdias quem elaborou proposta legislativa para instituir o Dia Nacional da Empregada Doméstica. Foram inúmeras propostas que tratavam das demandas das comunidades quilombolas, dos trabalhadores, dos povos indígenas, da maioria do povo brasileiro.

Ainda persistem as dificuldades enfrentadas por Abdias ao tentar fazer avançar proposições como essas. São expressão de um legislativo que ainda sobrevive sustentado por estruturas racistas que dificultam ou inviabilizam a plena participação democrática de mulheres e homens negros. Embora nós mulheres negras sejamos 27% da população, o maior segmento populacional brasileiro, somos apenas 1% da Câmara Federal e 2% do Senado. Homens e mulheres negras constituem somente 17,8% do Congresso Nacional, quando somos 56% da população brasileira.

E se nós negros estamos sub-representados nos espaços de poder, as pautas que envolvem nossa existência não aparecem ou aparecem apenas de forma secundarizada, embora sejamos maioria da população. Se em nosso país, lamentavelmente a cada 23 minutos um jovem negro é assassinado, precisamos de muitos de nós denunciando essa realidade e lutando pelo fim do genocídio da população negra. Se o feminicídio é negro, a violência obstétrica e a mortalidade materna são negras, a ampliação de mulheres negras nas casas legislativas é fundamental para que esses sejam temas tratados como relevantes. Não é possível enfrentar a desigualdade social no Brasil sem reconhecer que ela atinge negros e negras com mais força, pois mais de 130 anos depois da tal abolição da escravatura 47% dos negros estão na informalidade, mais de 70% dos desempregados são negros, 70% dos que estão abaixo da linha de pobreza, vivendo com menos de dois dólares ao dia, são negros.

Como tratar desse drama que atinge o Brasil com tão poucas vozes negras nos centros decisórios? A sub-representatividade de pessoas negras colabora com a omissão diante de dados escandalosos. A sub-representatividade é uma estratégia para manter o poder nas mãos daqueles que sequestraram nossos ancestrais de África para o Brasil colonial. A colonialidade, lamentavelmente, está presente de forma gritante no Parlamento brasileiro.

Porém, assim como Exu joga uma pedra hoje para acertar o alvo ontem; assim como os passos de nossas ancestrais nos trouxeram até aqui, o projeto interrompido do deputado Abdias ajudou o movimento negro a fortalecer sua luta. Anos depois, políticas compensatórias começaram a lidar com as injustiças históricas de um passado de escravidão do povo negro na construção do Brasil. Ainda é pouco, mas as conquistas de cotas raciais nas universidades, da tipificação do crime de racismo e da obrigatoriedade do estudo de História da África, entre outras, se tornaram possíveis também por causa da luta encampada por Abdias.

Esse gigante dedicou sua vida a enfrentar os grilhões da escravidão que persistiram no pós-abolição. Abdias Nascimento foi ator e liderou a criação do Teatro Experimental do Negro. Foi poeta, escritor, dramaturgo, artista plástico, professor em diversas universidades pelo mundo, de Yale, nos EUA, à Universidade de Ifé (atual Obafemi Owolowo), na Nigéria. Foi um dos idealizadores do Movimento Negro Unificado, criando junto com outros militantes negros socialistas uma das mais importantes organizações do movimento negro no Brasil. Em 1982, elegeu-se deputado federal pelo PDT do Rio de Janeiro e na década seguinte, ocupou a cadeira de senador da República, assumindo a vaga do antropólogo Darcy Ribeiro, entre 1991 e 1992 e de 1997 a 1999. Além de tribuno do povo negro no parlamento, Nascimento também foi titular da Secretaria de Defesa e Promoção das Populações Afro-Brasileiras do Rio de Janeiro, criada pelo governo Brizola, e da Secretaria de Direitos Humanos e Cidadania do governo do estado do Rio de Janeiro, executando importantes políticas de combate ao racismo. Quantos caminhos abertos por ele!

Naquele período, ainda mais que hoje, quase não se via negros ocupando as cadeiras em que homens brancos, herdeiros da Casa-Grande, se arvoravam de suas simpatias por suas amas de leite, metafóricas ou reais, para arrotar uma suposta democracia racial no Brasil. Abdias então era antes de tudo um dissidente, uma voz dissonante dentro do Parlamento brasileiro, ao denunciar o racismo institucional e estrutural que edificou nosso país.

O presente livro é um passeio magnífico pela caminhada política de Abdias. E, definitivamente, ele reconhecia – nas suas palavras e ações na construção dos mandatos que cumpriu – que a política não começa nem se encerra em um gabinete parlamentar. Ele entendia o poder como algo a ser compartilhado e isso – num cenário de crescente negação da política pelo povo – é algo a ser sublinhado.

Política é o preço da cesta básica e se o esgoto é tratado; política é a conta de luz e a água limpa que não chega nas periferias e favelas; política é também não ter a garantia se os jovens negros chegarão vivos em casa. A população brasileira faz política no seu cotidiano. As redes de solidariedade, as rodas de rima, o baile funk, a literatura negra, o teatro negro: há um conjunto de lutas e espaços de resistência que definitivamente constituem a política. Abdias Nascimento entendia o seu mandato como instrumento para movimentos sociais e lutadores negros, o que significa a devolução da política para seu lugar. A política é do povo. O povo é negro – daí a frase de campanha de Abdias: "O povo negro no poder". Assim o político Abdias se relacionou com a institucionalidade: sua proposta era ocupar o poder a serviço de compartilhar o poder com as maiorias sociais.

Como ressalta Elisa Larkin Nacimento, "parte importante da missão parlamentar que Abdias Nascimento assumiu era dar visibilidade e repercussão às iniciativas do movimento social negro, trazendo seus temas e suas proposições ao debate do Congresso Nacional. Com bastante frequência, seus pronunciamentos e projetos de lei registram essas iniciativas e proposições, abrangendo uma ampla gama de vozes e entidades negras desde a década dos 1930."

Essa é uma forma de conduzir um mandato parlamentar que inspira hoje parlamentares negras que estão no Congresso não apenas para ocupar aquelas cadeiras com suas ideias, mas acima de tudo para ampliar as vozes dos movimentos de mulheres negras; das mães das vítimas do genocídio da juventude negra; de frentes de movimentos negros como a Coalizão Negra por Direitos, que atua fortemente no Congresso Nacional hoje. Pois assim como Abdias, sabemos que nossa força vem do aquilombamento do povo negro brasileiro. A autora acerta quando afirma que ele é exemplo "neste momento em que o descrédito na política institucional beira o extremo e contribui para o desmantelamento de instituições democráticas e republicanas."

Neste ano de 2021, em que lembramos os dez anos da partida de Abdias, seu legado é uma urgência. Vivemos tempos dramáticos. A crise civilizatória que atinge o mundo está explicitada pela maior pandemia que as gerações vivas já experimentaram. No Brasil, o drama encontrou um governo sem nenhum apego pela democracia e pelos direitos do povo. Talvez estejamos vivenciando o momento mais frágil da democracia brasileira desde o processo de redemocratização que Abdias viveu nos anos 1980. É fato que queríamos aprofundar e radicalizar nossa democracia; é fato que ela nunca chegou plenamente às favelas e periferias brasileiras, ao povo negro; mas é fato também que ela tem sido sistematicamente atacada. Recentemente, em uma das comissões na Câmara Federal, o ministro da Defesa afirmou de forma desavergonhada que não houve ditadura no Brasil. Nossa gente tem fome, vive na informalidade do emprego, no subemprego ou desempregada. Centenas e centenas de milhares de pessoas morreram vítimas de Covid-19 e de um governo que negou a pandemia e demorou para comprar vacina e enfrentar a crise sanitária. É desesperador. Pois sabemos que quando a democracia retrocede e as desigualdades se ampliam, são negras as pessoas mais impactados. Por isso, repito: nunca foi tão urgente fazer seguir vivo o legado de Abdias Nascimento.

A "dissidência" de Abdias nos ensina a enfrentar poderes constituídos. Ao usar a palavra no parlamento, Abdias costumava iniciar seus discursos pedindo as bênçãos e a proteção de Olorum – Deus, criador de todas as coisas na tradição nagô – e finalizava desejando axé. Mais que expressões de uma religiosidade africana, esse ritual era uma demarcação política contra o racismo religioso que impera até hoje na política brasileira e que busca destruir a resistência ancestral do povo negro. Ainda hoje, as sessões da Câmara e do Senado são feitas "em nome de Deus": um deus que vem sendo instrumentalizado pelo fundamentalismo religioso e sua forte bancada no Congresso Nacional. Esse fundamentalismo religioso, carregado de racismo, sustenta inúmeros ataques violentos a terreiros de tradição de origem africana. Ao reconhecer a importância do candomblé, Abdias Nascimento abre um debate para a necessidade de o parlamento ser firme contra a intolerância religiosa e a instrumentalização da fé para projetos políticos autoritários. Esse é o legado vivo de Abdias.

O legado de Abdias é a coragem de ter sido "boi de piranha", como ele mesmo afirmava e, por muito tempo, o único a enfrentar a brancura hegemônica e falar abertamente sobre racismo no Parlamento brasileiro. Sua dedicação à questão racial, como nos relata a autora, "inspirava receio, desconfiança e rejeição entre seus pares". Ainda hoje, nós negros e negras que ousamos ocupar a política institucional experimentamos cotidianamente a hostilidade nas casas legislativas. Mas há uma tremenda diferença: ele era um só a declarar-se negro. Esse solitário homem "boi-de-piranha" abriu caminho para novas lutadoras e lutadores. Todos os dias, quando vou para Câmara Federal, embora sinta que não é ainda meu lugar, embora ainda sejamos poucas, sei que não estou só. Divido as trincheiras com a histórica lutadora Benedita da Silva e com Áurea Carolina, Vivi Reis, Bira do Pindaré, Joênia Wapichana e outras novas vozes que não se intimidam na denúncia do racismo que estrutura nosso país. Se Marielle Franco ocupou a tribuna como vereadora do município do Rio de Janeiro e gritou que não seríamos interrompidas, foi porque seguimos os passos firmes dos mais velhos como Nascimento. Nós somos o legado de Abdias.

Um legado que significa se levantar. Um dos maiores defensores dos negros brasileiros nunca esqueceu que "se não fossem os orixás estaríamos mortos". A força ancestral era, para ele, uma convocação constante para a luta. Em uma entrevista, ele afirmou que "nós não aceitamos mais isso do negro falar de cabeça baixa" e que "nós não aceitamos entrar pela porta dos fundos no país que nossos antepassados construíram". Nós, as vozes negras novas, aceitamos o caminho aberto; nos comprometemos a nunca deixar morrer o legado de Abdias Nascimento; a lutar pela emancipação de todos nós, negros e negras. A luta só cessa quando todas e todos formos livres.

O aquilombamento proposto pelo nosso Exu-Oxum está em curso: na cada vez mais dinâmica luta antirracista, na ampliação de negras e negros eleitos, na multiplicação de movimentos sociais negros. Retomaremos nosso território e o poder para nosso povo. O que vem depois do primeiro homem negro a defender as causas antirracistas no Congresso Nacional? A convicção de que precisamos seguir abrindo caminhos. Nestes tempos tão duros para nossa gente, que o presente livro sirva para mobilizar nosso povo e transformar a memória de Abdias em força para fazermos a travessia.

Cá estamos, Abdias, nosso griô! Assim como você nos ensinou, firmes estamos na luta do nosso povo! Das suas cinzas frutificando nas terras de Palmares, na Serra da Barriga, para o Congresso Nacional. Das favelas, para o poder popular! Seu legado, definitivamente, está vivo.

ABDIAS[1]

Paulo Paim

Tua vida, Abdias, foi dedicada a essa causa, a nossa causa, à causa da nação negra. Abdias, meu velho e querido Abdias, o nosso povo há de contar em versos e prosa a tua história. A história de um guerreiro, a história de um lutador.

Os poetas vão lembrar de Abdias, falando de paz, rebeldia e, tenho certeza, a emoção será tão forte como é hoje o que sentimos quando ouvimos a batida do tambor.

Falarão de um homem negro, de cabelos brancos e barba prateada, que,

1. Paulo Paim, *Cumplicidade: Política em Poesia*, Brasília: Lexmark Internacional do Brasil / Gabinete do Senador Paulo Paim, 2004, p. 52.

independentemente do tempo, nunca parou.
Fez da sua guerra a nossa batalha, como
ninguém. Nunca tombou. Foi dele e é nossa a
bandeira da igualdade, da justiça e da liberdade.

Abdias, tu és exemplo para todos nós.
Tu és um homem que viveu à frente do teu tempo.

Que as gotas de sofrimento arrancadas do teu
corpo se tornem pérolas, luzes a iluminar a
jornada do nosso povo, da nossa gente.
Tu nos deixas uma lição de vida.

Viverás para sempre junto de nós.
A rebeldia de tuas palavras, que somente os
guerreiros ousam, estão cravadas na história da
humanidade, nos nossos corações e mentes.
Sei que não estás preocupado em agradar a
todos, mas sei que a mensagem é: jamais,
jamais deixem de lutar e sonhar.

Sonhem, não aquele sonho bonito que tu
gostarias que acontecesse num passe de mágica,
mas, sim, o sonho que com nossa luta
haveremos de tornar realidade.
Esse, sim, será o fruto da tua, da nossa vitória.

Viva a Nação Negra,
Viva Zumbi dos Palmares,
Viva o gigante Abdias do Nascimento!
Vida longa para ti, Abdias!

REFERÊNCIAS

Documentação
Textos em Jornais e Revistas

ABDIAS Vai Para Secretaria e Darcy Permanecerá no Senado, *Jornal do Brasil*, 2 abr. 1991. Acervo Ipeafro, Seção Atuação Política, Série Sedepron/Seafro, Dossiê: Recortes e notícias.

AQUINO, Ruth. Lembranças do Brasil, *O Dia*, 8 ago. 1991. Acervo Ipeafro, Seção Atuação Política, Série Sedepron/Seafro, Dossiê: Visita de Mandela, Recortes e Notícias.

COQUETEL Teve 400 Convidados, *Jornal do Brasil*, 2 ago. 1991, Caderno Cidade. Acervo Ipeafro, Seção Atuação Política, Série Sedepron/Seafro, Dossiê: Visita de Mandela, Recortes e Notícias.

EDITORIAL do jornal argentino La Nación, citado na revista *África* de jul. 1977.

EICH, Neri Vitor, Advogado Quer Impedir Secretaria do Negro no RJ, *Folha de S.Paulo*, 24 jul. 1991.

ESTADO Fará Recepção a Líder Negro, *O Fluminense*, 21 jun. 1991. Acervo Ipeafro, Seção Atuação Política, Série Sedepron/Seafro, Dossiê: Visita de Mandela, Recortes e Notícias.

FERRON, Fabio Maleronka; ARRUDA, Maria Arminda do Nascimento. Cultura e Política: A Criação do Ministério da Cultura na Redemocratização do Brasil. *Tempo Social*, v. 31, n. 1, jan-abr 2019. Disponível em: https://doi.org/10.11606/0103-2070.ts.2019.144335. Acessado em 02 set. 2021.

GILSON Rebello, Jorge Amado, Racismo em Xeque, *O Estado de S. Paulo*, 27 nov. 1983, Acervo Ipeafro, Seção Atuação Política, Série Câmara, Dossiê: Atuação de Abdias Nascimento na Câmara dos Deputados.

GOVERNADOR Oficializa Dia Contra Discriminação Racial, *O Globo*, 22 mar. 1983. Documento do Acervo Ipeafro, Seção Atuação Política de Abdias Nascimento, Série PTB-PDT, Dossiê: Dia 21 de março, Dia Internacional pela Eliminação da Discriminação Racial.

GRITO Contra o Racismo: Mandela se Afirma Identificado Com Negro Brasileiro, *Jornal do Brasil*, 7 ago. 1991, Caderno Cidade. Acervo Ipeafro, Seção Atuação Política, Série Sedepron/Seafro, Dossiê: Visita de Mandela, Recortes e Notícias.

INSTALADO o Museu do Negro, *Quilombo*, n. 5, jan. 1950, p. 11.

LEI Contra o Racismo Divide a Baixada, *O Dia*, 14 abr. 1991, seção Grande Rio.

LÍDER Nota Amargura do Negro, *Jornal do Brasil*, 6 ago. 1991, Caderno Brasil, p. 5. Acervo Ipeafro, Seção Atuação Política, Série Sedepron/Seafro, Dossiê: Visita de Mandela, Recortes e Notícias.

LIVRO Denuncia 457 Homicídios de Crianças em Apenas 6 Meses, *Jornal do Brasil*, 1º Caderno, 13 abr. 1991.

MANDELA Atrai 40 Mil à Praça da Apoteose, *Jornal do Brasil*, 2 ago. 1991. Acervo Ipeafro, Seção Atuação Política, Série Sedepron/Seafro, Dossiê: Visita de Mandela, Recortes e Notícias.

MANDELA Chega ao Rio Hoje Mais Fortalecido, *Jornal do Brasil*, 1 ago. 1991, 1º Caderno; Acervo Ipeafro, Seção Atuação Política, Série Sedepron/Seafro, Dossiê: Visita de Mandela, Recortes e Notícias.

NASCIMENTO, Abdias. Mandela, *O Dia*, 30 jul. 1991. Acervo Ipeafro, Seção Atuação Política, Série Sedepron/Seafro, Dossiê: Visita de Mandela, Recortes e Notícias.

NASCIMENTO, Abdias. A Comissão Sul, *O Dia*, 17 jul. 1991.

NASCIMENTO, Abdias. Em Defesa do Negro, *O Dia*, 19 maio 1991.

NASCIMENTO, Abdias. Em Defesa das Populações Negras, *Jornal do Brasil*, 23 abr. 1991.

NETTO, José Carlos, Rio Faz Showmício Com Samba e Desfile-Passeata para Mandela, *Gazeta de Notícias*, 24 jul. 1991. Acervo Ipeafro, Seção Atuação Política, Série Sedepron/Seafro, Dossiê: Visita de Mandela, Recortes e Notícias.

NOVA Delegacia Vai Apurar Discriminação Racial, *O Globo*, 22 set. 1994. Registro em vídeo disponível em: <http://ipeafro.org.br/>.

QUILOMBO: *Vida, Problemas e Aspirações do Negro*, ano II, n. 7-8, mar.--abr. 1950.

RACISMO, *O Globo*, 3 abr. 1991. Editorial.

RESPOSTA dos Meios de Comunicação à Criação da Sedepron. Acervo Ipeafro, Seção Atuação Política, Série Sedepron/Seafro, Dossiê: Recortes e notícias.

AFRODIÁSPORA, v. 2, n. 5, 1985. Número especial dedicado ao Seminário Internacional "100 Anos de Luta pela Independência da Namíbia".
REZEK Anuncia Agenda Curta, *Jornal do Brasil*, 1º ago. 1991, Caderno Cidade. Acervo Ipeafro, Seção Atuação Política, Série Sedepron/Seafro, Dossiê: Visita de Mandela, Recortes e Notícias.
RIBEIRO, Cláudio Oliveira. As Relações Brasil-África Entre os Governos Collor e Itamar Franco. *Revista Brasileira de Ciência Política*, Brasília, n. 1, p. 289-329, 2009.
RIO Recebe Mandela com Festa, *Jornal do Brasil*, 2 ago. 1991, Caderno Cidade. Acervo Ipeafro, Seção Atuação Política, Série Sedepron/Seafro, Dossiê: Visita de Mandela, Recortes e Notícias.
ROSÁRIO, Maria do Abdias Quer Trajes Africanos na Câmara, *Correio Braziliense*, 20 mar. 1983. Documento original, Acervo Ipeafro, Seção Atuação Política de Abdias Nascimento, Série Câmara dos Deputados, Dossiê: Atuação de Abdias Nascimento na Câmara dos Deputados.
SEREZA, Haroldo Ceravolo. "Relação Com a Globo 'Ajudou Bastante'", *UOL Notícias*, Brasília, 15 nov. 2009. <http://noticias.uol.com.br/especiais/>.
SOARES, Gláucio. O Charme Discreto do Socialismo Moreno, *Jornal do Brasil*, caderno especial, 10 jun. 1984. Documento do Acervo Ipeafro, Seção Atuação Política de Abdias Nascimento, Série Câmara dos Deputados, Dossiê: PDT.
UMA Saudação à Miscigenação Racial, *O Globo*, 2 ago. 1991, Caderno O País. Acervo Ipeafro, Seção Atuação Política, Série Sedepron/Seafro, Dossiê: Visita de Mandela, Recortes e Notícias.

Documentação Pública

ANAIS *da Assembleia Constituinte*, v. 3, fev. 1946, 25a sessão, 14 mar. 1946.
BIOGRAFIA *do Deputado Paulino Cícero de Vasconcelos*. Disponível em: <http://www2.camara.leg.br/deputados/>.
BRASIL, Ministério da Educação e Cultura, Coordenação do Aperfeiçoamento de Nível Superior, Assessoria Especial de Projetos. *Termo de Referência sobre o Parque Histórico Nacional Zumbi dos Palmares*. Brasília: Ministério da Educação e Cultura, Coordenação do Aperfeiçoamento de Nível Superior, Assessoria Especial de Projetos, 1980.
CARTA *Aberta do Instituto de Pesquisas da Cultura Negra (IPCN) e Entidades do Movimento Negro do Estado do Rio de Janeiro*; documento do N'Zinga Coletivo de Mulheres Negras (RJ e SP) e carta aberta do MNU/DF.
CARTA *de Abdias Nascimento a Jarbas Passarinho,* 1º nov. 1991. Documento do Acervo Ipeafro, Seção Atuação Política, Série Senado, Dossiê: Correspondência.
CARTA *da Comunidade Afro-Brasileira ao Dr. Tancredo de Almeida Neves, Elaborada em Encontro Nacional de Representantes e Militantes Negros*, Uberaba, 24 nov. 1984 (publicada em panfleto pela Prefeitura de Uberaba e FRENABRA)

CARTA *do Prefeito Marcello Alencar a Abdias Nascimento*, 31 jul. 1990. Documento do Acervo Ipeafro, Seção Atuação Política, Série Sedepron/Seafro, Dossiê: Correspondência.

CONSTITUIÇÃO *Federal de 1988*. Artigo 5, Inciso XLII.

DECRETO n. 91.450, de 18 jul. 1985. Institui Comissão Provisória de Estudos Constitucionais. *Diário Oficial da União*, Seção 1, 22 jul. 1985.

DECRETO n. 6.627, de 21 mar. 1983, do Governo do Rio de Janeiro.

DECRETO do Governo do Estado do Rio de Janeiro n. 6.627, 21 mar. 1983. Assembleia Legislativa do Estado do Rio de Janeiro, Coordenação de Biblioteca, *Legislação do Estado do Rio de Janeiro*. Rio de Janeiro, v. 9, n. 3, p. 173-234, mar. 1983. Documento do Acervo Ipeafro, Seção Atuação Política de Abdias Nascimento, Série PTB-PDT, Dossiê: Dia 21 de março, Dia Internacional pela Eliminação da Discriminação Racial.

DECRETO n. 16.529 de 1º abr. 1991, *Diário Oficial Governo do Estado do Rio de Janeiro*, 2 abr. 1991, p. 3. (criação da Sedepron)

DECRETO n. 19.067 de 29 set. 1993, *Diário Oficial Governo do Estado do Rio de Janeiro*, 30 set. 93 (O nome Sedepron foi modificado, tornando-se Seafro ao substituir "Negras" por "Afro-Brasileiras").

DIÁRIO *da Câmara dos Deputados*, 7 nov. 1968, 16 maio 1973, 14 maio 1983, 28 maio 1983, 22 out. 1983, 26 nov. 1983, 15 mar. 1984, 21 abr. 1984, 27 abr. 1984, 10 maio 1984, 24 maio 1984, 16 jun. 1984, 30 nov. 1984, 22 mar. 1985, 11 abr. 1985, 8 maio 1985, 17 maio 1985, 22 maio 1985, 6 jun. de 1985, 8 ago. 1985, 9 out. 1985, 14 nov. 1985, 28 nov. 1985, 15 nov. 1991, 27 nov. 1991, 11 nov. 1998.

DOCUMENTO do Acervo Ipeafro, Seção Atuação Política de Abdias Nascimento, Série PTB-PDT, Dossiê: Movimento Negro do PDT.

DOCUMENTOS do Colóquio Direitos Humanos, Cidadania e Diversidade Social. Acervo Ipeafro, Seção Atuação Política, Série SECID.

EMENDA Constitucional n. 72, de 3 abr. 2013 (PEC 66/2012). Define novos direitos que incluem jornada de trabalho de 44 horas, seguro-desemprego, fundo de garantia, irredutibilidade salarial, adicional noturno, salário-família, assistência em creches e em pré-escolas, entre outros.

ENCONTRO *dos Trabalhistas do Brasil com os Trabalhistas no Exílio*, Lisboa, 15, 16, 17 jun. 1979. Documento do Acervo Ipeafro, Seção Atuação Política de Abdias Nascimento, Série PTB-PDT, Dossiê: PTB no Brasil e no Exílio. Disponível em: <http://www.pdt.org.br/>.

GOVERNO do Estado do Rio de Janeiro, Vice-Governadoria, *Centro Comunitário de Defesa da Cidadania*, prospecto informativo. Acervo Ipeafro, Seção Atuação Política, Série Sedepron/Seafro, Dossiê: Documentos.

GOVERNO do Estado do Rio de Janeiro, Seafro, *Ofício GAB n. 335/93*, 21 dez. 1993. Acervo Ipeafro, Seção Atuação Política, Série Sedepron/Seafro, Dossiê: Correspondências.

GOVERNO do Estado do Rio de Janeiro, Sedepron, *Programa-Convite*, Seminário Natalidade e Extermínio, 17-18 dez. 1991. Acervo Ipeafro, Seção Atuação Política, Série Sedepron/Seafro, Dossiê: Documentos.

GOVERNO do Estado do Rio de Janeiro, Sedepron, Subsecretaria dos Direitos e da Cidadania, *Relação de Atendimentos Desenvolvidos pelo Balcão de Assessoria Jurídica, 1991/1992*. Acervo Ipeafro, Seção Atuação Política, Série Sedepron/Seafro, Subsérie Documentos Administrativos Internos, Dossiê: Balcão de Assessoria Jurídica.

GOVERNO do Estado do Rio de Janeiro, Sedepron, *Programa do Seminário Direitos Humanos Contra a Discriminação Racial*. Acervo Ipeafro, Seção Atuação Política, Série Sedepron/Seafro, Dossiê: Publicações Seafro.

GOVERNO do Estado do Rio de Janeiro, Atos do Poder Executivo, Decreto n. 19.585 de 26 jan. 1994. *Diário Oficial do Rio de Janeiro*, Ano XX, n. 18, 27 jan. 1994.

GOVERNO do Estado do Rio de Janeiro, Sedepron, *Ofício GAB n. 201/93* de 11 ago. 1993. Acervo Ipeafro, Seção Atuação Política, Série Sedepron/Seafro, Dossiê: Correspondências.

INFORMAÇÕES sobre o projeto e o parque Memorial Zumbi. Disponíveis em: <http://www.quilombodospalmares.com.br/>.

INFORME do Comáfrica Sobre a 48ª Conferência Nacional do ANC. Acervo Ipeafro, Seção Atuação Política, Série Sedepron/Seafro, Dossiê: Visita de Mandela, Documentos.

LEI n. 1.390, de 3 jul. 1951.

LEI n. 7.437, de 20 dez. 1985.

LEI 7.437, de 1985. Incluiu a prática de preconceito de sexo e de estado civil no elenco de contravenções penais da Lei Afonso Arinos.

LEI n. 7.716, de 5 de janeiro de 1989.

LEI n. 2.307, de 17 de abril de 1995, revogada pela lei 5.146, de 7 jan. 2010, que dispõe sobre o calendário de eventos da cidade do Rio de Janeiro e inclui o Dia da Consciência Negra.

LEI n. 4.007, 11 nov. 2002. Institui o Dia 20 de Novembro, Data de Aniversário da Morte de Zumbi dos Palmares e Dia Nacional da Consciência Negra, Como Feriado Estadual. Disponível em: <http://alerjln1.alerj.rj.gov.br/CONTLEI.NSF/>.

LEI Afonso Arinos e a Lei Caó. Disponível em: <http://www.planalto.gov.br/ccivil_03/>.

LEI n. 1.814, de 24 de abril de 1991. Estabelece Sanções de Natureza Administrativa Aplicáveis a Qualquer Tipo de Discriminação em Razão de Etnia, Raça, Cor, Crença Religiosa ou de Ser Portador de Deficiência. *Diário Oficial do Estado do Rio de Janeiro*, 25 abr. 1991.

LEI n. 10.639, de 9 jan. 2003. Inclui no currículo oficial da Rede de Ensino a obrigatoriedade da temática "História e Cultura Afro-Brasileira".

MANIFESTO da *Convenção Nacional do Negro de 1945*. (Transcrito por Abdias Nascimento em discurso.)

MANIFESTO ao *Povo do Estado do Rio de Janeiro: O Negro e o Índio, Unidos na Libertação*. Impresso de campanha (1982). Documento original, Acervo Ipeafro, Seção Atuação Política de Abdias Nascimento, Série Campanhas Políticas de Abdias Nascimento, Dossiê: Campanha 1982.

NASCIMENTO, Abdias. *Comunicado à 48ª Conferência Nacional do* ANC, apresentado pelo delegado do Comáfrica, professor Abdias Nascimento, Durban, 6 jul. 1991. Acervo Ipeafro, Seção Atuação Política, Série Sedepron/Seafro, Dossiê: Visita de Mandela, Documentos.

NASCIMENTO, Abdias. *O Povo Negro na Constituinte*, Manifesto ao Povo Carioca e Fluminense, Rio de Janeiro, 21 mar. 1985 (mimeo). Documento original, Acervo Ipeafro, Seção Atuação Política de Abdias Nascimento, Série PTB-PDT, Dossiê: Movimento Negro do PDT.

OFÍCIO GM/SAA/00094, do chefe de gabinete do ministro da Justiça, em 16 jan. 1992.

CÍCERO, Paulino. Parecer sobre Projeto de Resolução n. 58-A, de 1983, em 14 jun. 1983.

CÍCERO, Paulino. Relatório sobre Projeto de Resolução n. 172/84.

PEC 38/1997. Garante às comunidades remanescentes dos quilombos os direitos assegurados às populações indígenas.

PRESIDÊNCIA da República, Casa Civil, Subchefia Para Assuntos Jurídicos. *Constituição da República dos Estados Unidos do Brasil* (de 16 jul. 1934), Artigo 138-b. Disponível em: <https://www.planalto.gov.br/ccivil_03/>.

PRESIDÊNCIA da República, Casa Civil, Subchefia Para Assuntos Jurídicos. Decreto-lei n. 7.967 de 18 de setembro de 1945, Art. 2. Presidência da República. Disponível em: <http://www.planalto.gov.br/ccivil_03/>. Acessado em: 23 set. 2013.

PROJETO de Lei 5.819/2009, sancionado pela presidenta da República, Dilma Rousseff, em 4 mar. 2011 e transformado na Lei Ordinária 12.391/2011.

PROJETO de Lei n. 5.466, de 1985, Institui o "Dia Nacional da Empregada Doméstica", a Ser Comemorado Anualmente a 27 de Abril. Disponível em: <http://www.camara.gov.br/proposicoesWeb/>.

PROJETO de Lei n. 3.765 de 1984.

PROJETO de Lei 3.196/1984. Reserva Quarenta Por Cento das Vagas Abertas nos Concursos Vestibulares do Instituto Rio Branco Para Candidatos de Etnia Negra. Disponível em: <http://www.camara.gov.br/proposicoesWeb/>.

PROJETO de Lei 1.661/1983. Dispõe Sobre o Crime de Lesa Humanidade: Discriminar Pessoas, Individual ou Coletivamente, em Razão de Cor, Raça ou Etnia. Disponível: <http://www.camara.gov.br/proposicoesWeb/>.

PROJETO de Lei n. 1.581/1983. Proíbe a Construção de Usinas Nucleares Sem Prévia Consulta à População Local.

PROJETO de Lei 1.361/1983. Manda Erigir Memorial Ao Escravo Desconhecido Na Praça Dos Três Poderes, Em Brasília, Distrito Federal. Disponível em: <http://www.camara.gov.br/proposicoesWeb/>.

PROJETO de Lei 1.332/1983. Dispõe Sobre Ação Compensatória, Visando à Implementação do Princípio da Isonomia Social do Negro, em Relação aos Demais Segmentos Étnicos da População Brasileira, Conforme Direito Assegurado Pelo Artigo 153, Parágrafo Primeiro, da Constituição da República.

PROJETO de Lei 986/1972. Declara Antonio Francisco Lisboa – O Aleijadinho – Patrono da Arte no Brasil. Disponível em: <http://www.camara.gov.br/sileg/>.
PROJETO de Lei do Senado n. 650, de 30 nov. 1999. Aprovado no Senado, encaminhado à Câmara e arquivado sem decisão.
PROJETO de Lei do Senado n. 234/1997. *Diário do Senado Federal*, 24 out. 1997.
PROJETO de Lei do Senado n. 114/1997. Remetido à Câmara dos Deputados, tramitou como PL n. 4.800/1998.
PROJETO de Lei do Senado n. 75/1997. *Diário do Senado Federal*, 25 abr. 1997.
PROJETO de Lei do Senado n. 73/1997. *Diário do Senado Federal*, 24 abr. 1997.
PROJETO de Lei do Senado n. 52/1997. *Diário do Senado Federal*, 9 abr. 1997.
PROJETO INSABA. Acervo Ipeafro, Seção Atuação Política, Série Sedepron/Seafro, Dossiê: Documentos.
PROPOSTA: *Criação da Secretaria de Integração Social*, Comissão de Contribuições ao Programa do Primeiro Governo do PDT, 1º Congresso Estadual do Partido Democrático Trabalhista (PDT), Nova Iguaçu, 11-12 dez. 1982.
REQUIÃO, Roberto. Parecer Sobre o Projeto de Lei do Senado n. 75, de 1997, que institui ação compensatória para a implementação do princípio de isonomia social do negro. Original datilografado. Brasília: Gabinete do senador Roberto Requião, Senado Federal, 1998.
RIO de Janeiro-Seafro, Colóquio Dunia Ossaim: Os Afro-Americanos e o Meio-Ambiente, 1994.
SECID, *Quilombo: Signo dos Direitos Humanos e da Cidadania*. Acervo Ipeafro, Seção Atuação Política, Série SECID, Dossiê: Documentos da SECID.
SEDEPRON *Notícias*, Boletim da Secretaria, Ano 0, n. 1, jul.-ago. 1991.
TRANSCRIÇÃO *da gravação da fala de Nelson Mandela*. Acervo Ipeafro, Seção Atuação Política, Série Sedepron/Seafro, Dossiê: Visita de Mandela, Documentos.

Material em vídeo

Abdias Nascimento, Momentos Políticos, videodocumentário do Ipeafro (2006). Disponível em: <http://ipeafro.org.br/>.
Abdias Nascimento Memória Viva, videodocumentário do Ipeafro (2006). Disponível em: <http://ipeafro.org.br/>.
ENTREVISTA *sobre a criação da Sedepron*. Registro audiovisual, Site Ipeafro – Acervo Digital – Vídeos. <http://ipeafro.org.br/>.

Obras

AMORIM, Paulo Henrique; PASSOS, Maria Helena. *Plim-Plim: A Peleja de Brizola Contra a Fraude Eleitoral.* São Paulo: Conrad, 2005.

ARINOS FILHO, Afonso (org.), *Afonso Arinos no Congresso: Cem Discursos Parlamentares.* Brasília: Senado Federal, Gabinete da Presidência, 1999.

BROOKSHAW, David. *Raça e Cor na Literatura Brasileira.* Porto Alegre: Mercado Aberto, 1983.

CASTRO, Caê de. *A Cor Amarela.* Florianópolis: Editora da Universidade Federal de Santa Catarina, 2005.

CLINGTON, Mário de Souza. *Angola Libre?* Paris: Gallimard, 1975.

CONSELHO Deliberativo do Memorial Zumbi. Resoluções aprovadas no Seminário para a Criação do Parque Histórico Nacional de Zumbi realizado pelo Memorial Zumbi em Maceió e União dos Palmares (Serra da Barriga), 22-24 ago. 1980. Maceió: Memorial Zumbi, 1980.

DZIDZIENYO, Anani. *The Position of Blacks in Brazilian Society*, Relatório n. 7. London: Minority Rights Group, 1971.

ENCONTRO NACIONAL DE POLÍTICA CULTURAL, I. *Anais...* Belo Horizonte: Secretaria de Estado da Cultura / Imprensa Oficial, 1985.

GÁ, Luiz Carlos; NASCIMENTO, Elisa Larkin (orgs.). *Adinkra: Sabedoria em Símbolos Africanos / Adinkra: African Wisdom Symbols.* Rio de Janeiro: Pallas, 2009.

GUIMARÃES, Antonio Sérgio Alfredo; HUNTLEY, L. (orgs.). *Tirando a Máscara: Ensaios Sobre o Racismo no Brasil.* São Paulo: Paz e Terra, 2000.

HAMILTON, Charles V. et al. *Beyond Racism: Race and Inequality in Brazil, South Africa, and the United States.* Atlanta, EUA: Lynne Rienner Publications, 2001.

JOLLY, Richard. The Economic Commission for Africa: Fighting to be Heard. *United Nations Intellectual History Project*, Ralph Bunche Institute for International Studies, New York, Briefing Note Number 21, jun. 2009.

MEDEIROS, Celso Luiz Ramos de (org.). *100 Anos Sem Cruz e Sousa.* Brasília: Senado Federal, 1998. (Congresso Nacional, Prêmio Cruz e Sousa., monografias premiadas)

MOORE, Carlos (ed.). *African Presence in the Americas.* Trenton: Africa World Press, 1995.

NASCIMENTO, Abdias. *O Brasil na Mira do Pan-Africanismo.* Salvador: Centro de Estudos Afro-Orientais, Universidade Federal da Bahia (UFBA)/Editora EDUFBA, 2002a.

_____. *O Quilombismo.* Documentos de Uma Militância Pan-Africanista, 2. ed. Brasília/Rio de Janeiro: Fundação Cultural Palmares/ OR Produtor Editor, 2002 (3. ed.: São Paulo: Perspectiva, 2019)

_____. *Combate ao Racismo. Discursos e Projetos de Lei*, v. 6. Brasília: Câmara dos Deputados, 1986.

_____. *Combate ao Racismo. Discursos e Projetos de Lei*, v. 5. Brasília: Câmara dos Deputados, 1985.

____. *Combate ao Racismo. Discursos e Projetos de Lei*, v. 4. Brasília: Câmara dos Deputados, 1985.

____. *Povo Negro: A Sucessão e a "Nova República"*. Rio de Janeiro: Ipeafro, 1985.

____. *Combate ao Racismo. Discursos e Projetos de Lei*, v. 3. Brasília: Câmara dos Deputados, 1984.

____. *Jornada Negro-Libertária*. Rio de Janeiro: Ipeafro, 1984.

____. *Combate ao Racismo. Discursos e Projetos de Lei*, v. 2. Brasília: Câmara dos Deputados, 1983.

____. *Combate ao Racismo. Discursos e Projetos de Lei*, v. 1. Brasília: Câmara dos Deputados, 1983.

____. *Axés do Sangue e da Esperança: Orikis*. Rio de Janeiro: Achiamé/ RioArte, 1983c. Disponível em: <http://ipeafro.org.br/>.

____. *Sitiado em Lagos: Autodefesa de um Negro Acossado pelo Racismo*. Rio de Janeiro: Nova Fronteira, 1981.

____. *O Genocídio do Negro Brasileiro*. Rio de Janeiro: Paz e Terra, 1978. (3. ed.: São Paulo: Perspectiva, 2016)

____. *Racial Democracy in Brazil: Myth or Reality?* Trad. Elisa Larkin Nascimento. 2. ed. Ibadan, Nigéria: Sketch Publishers, 1977.

____. *Racial Democracy in Brazil: Myth or Reality?* Trad. Elisa Larkin Nascimento. 1. ed. Ilé Ife, Nigéria: Universidade de Ifé, 1976.

NASCIMENTO, Abdias (org.). *Quilombo: Edição em Fac-Símile do Jornal Dirigido por Abdias Nascimento*. São Paulo: Editora 34, 2003. Disponível em: <http://ipeafro.org.br/>.

____. *O Negro Revoltado*. 2. ed. Rio de Janeiro: Nova Fronteira, 1982. (1. ed. Rio de Janeiro: GRD, 1968.) Disponíveis em: <http://ipeafro.org.br/>.

____. *Teatro Experimental do Negro: Testemunhos*. Rio de Janeiro: Edições GRD, 1966. Disponível em: <https://ipeafro.org.br/>.

____. *Dramas Para Negros e Prólogo Para Brancos*. Rio de Janeiro: TEN, 1961. Disponível em: <https://ipeafro.org.br/>.

NASCIMENTO, Abdias; SEMOG, Éle. *Abdias Nascimento: O Griot e as Muralhas*. Rio de Janeiro: Pallas, 2006.

NASCIMENTO, Abdias; GENOÍNO, José; KFFURI, Ari. *A Abolição em Questão*. Discursos. Brasília: Câmara dos Deputados, 1984c. Disponível em: <https://ipeafro.org.br/>.

NASCIMENTO, Abdias; NASCIMENTO, Elisa Larkin. Dance of Deception: A Reading of Race Relations in Brazil. In: HAMILTON, et. al. *Beyond Racism: Race and Inequality in Brazil, South Africa, and The United States*, 2001. Disponível em: <www.beyondracism.org>. Acessado em: 8 ago. 2014.

____. O Negro e o Congresso Brasileiro. In: MUNANGA, Kabengele (org.). *História do Negro no Brasil*. Brasília: CNPq e Fundação Cultural Palmares, 2004. V 1.

____. *Orixás: os Deuses Vivos da África/ Orishas: the Living Gods of Africa in Brazil*. Rio de Janeiro/Filadélfia, EUA: Ipeafro/Temple University Press, 1995.

____. *Africans in Brazil: A Pan-African Perspective*. Trenton, EUA: Africa World Press, 1991.

NASCIMENTO, Elisa Larkin. *Pan-africanismo na América do Sul*. Petrópolis/Rio de Janeiro: Vozes/Ipeafro, 1981.

____. Pan-Africanism in South America. Buffalo: Afrodiaspora, 1980.

____. *Abdias Nascimento*. Brasília: Senado Federal, Coordenação de Edições Técnicas, 2014. Col. Grandes Vultos que Honraram o Senado. Disponível em: <http://www2.senado.leg.br/bdsf/>.

NASCIMENTO, Elisa Larkin (org.). *África-Brasil, Ancestralidade e Expressões Contemporâneas / Africa-Brasil, Ancestry and Contemporary Expression*. Rio de Janeiro/Brasília: Ipeafro/Fundo Nacional de Cultura, Ministério da Cultura, 2011.

____. *Caderno de Estudos do Fórum Educação Afirmativa Sankofa*, 2. ed. Rio de Janeiro/Brasília: Ipeafro /Secretaria Extraordinária de Políticas de Promoção da Igualdade Racial, Presidência da República Seppir/PR, 2011.

____. *Caderno de Estudos do Fórum Educação Afirmativa Sankofa*, 1. ed. Rio de Janeiro/Brasília: Ipeafro /Seppir/PR, 2010.

____. *A Matriz Africana no Mundo*. São Paulo: Selo Negro/ Summus, 2008a. Coleção Sankofa: Matrizes Africanas da Cultura Brasileira, v. 1.

____. *Cultura em Movimento. Matrizes Africanas e Ativismo Negro no Brasil*. São Paulo: Selo Negro/ Summus, 2008. Coleção Sankofa, v. 2.

____. *Guerreiras de Natureza. Mulher Negra, Religiosidade e Ambiente no Brasil*. São Paulo: Selo Negro/Summus, 2008. Coleção Sankofa, v. 3.

____. *Afrocentricidade, uma Abordagem Epistemológica Inovadora*. São Paulo: Selo Negro/Summus, 2009. Coleção Sankofa, v. 4.

____. *Abdias Nascimento 90 Anos, Memória Viva*. Rio de Janeiro: Ipeafro, 2006. Catálogo ilustrado com textos em inglês, francês e português da exposição que o Ipeafro realizou no espaço da Caixa Cultural Salvador. 120 p.

____. *Abdias Nascimento 90 Anos, Memória Viva*. Rio de Janeiro: Ipeafro, 2006. Catálogo ilustrado com textos em português da exposição homônima que o Ipeafro realizou no espaço da Galeria Athos Bulcão, Brasília, DF.

____. Ancestralidade Africana e Cidadania: O Legado Vivo de Abdias Nascimento. Resumos e programação do Colóquio Internacional realizado no Arquivo Nacional por ocasião da exposição Abdias Nascimento Memória Viva. Rio de Janeiro: Ipeafro / PUC-Rio, 2004.

____. *Dunia Ossaim: Os Afro-Americanos e o Meio-Ambiente*. Rio de Janeiro: Governo do Estado do Rio de Janeiro, Secretaria de Defesa e Promoção das Populações Afro-Brasileiras, 1994.

____. *A África na Escola Brasileira*, 2. ed. Rio de Janeiro: Secretaria de Defesa e Promoção das Populações Afro-Brasileiras, Governo do Estado do Rio de Janeiro, 1993.

RAMOS, Alberto Guerreiro. *Introdução Crítica à Sociologia Brasileira*. Rio de Janeiro: Andes, 1957.

ROCHA, Carmen Lúcia. Ação Afirmativa: o Conteúdo Democrático do Princípio da Igualdade Jurídica. *Revista de Informação Legislativa*. Brasília, ano 33, n. 131, jul./set. 1996.

SANTOS, Ivair Augusto dos. *O Movimento Negro e o Estado (1983-1987): O Caso do Conselho de Participação e Desenvolvimento da Comunidade Negra no Governo de São Paulo*. São Paulo: Prefeitura da Cidade de São Paulo, Coordenadoria dos Assuntos da População Negra, 2006. 183 p.

SEAFRO, *Nova Etapa de uma Antiga Luta*. 2. ed. Niterói: Imprensa Oficial, 1993.

SECRETARIA DO MOVIMENTO NEGRO PDT-RJ. *O Negro: Socialismo e Constituinte*. Manifesto. Rio de Janeiro: PDT-RJ, 1985. (Mimeo., 8 p.)

SILVA JR., Hédio (Org.). *Antirracismo: Coletânea de Leis Brasileiras (Federais, Estaduais, Municipais)*. São Paulo: Oliveira Mendes, 1998.

SOUSA, Marconi Fernandes de. *As Relações Raciais na Câmara dos Deputados: Análise de Discursos Parlamentares nas Décadas de 60, 70 e 80*. Monografia. Departamento de Ciência Política, Universidade de Brasília, 2005. 172 p. Disponível em: <http://ipeafro.org.br/>.

THOTH, *Escriba dos Deuses. Pensamento dos Povos Africanos e Afrodescendentes*, n. 6. Informe de distribuição restrita do senador Abdias Nascimento. Brasília: Gabinete do Senador Abdias Nascimento, 1998.

THOTH, *Escriba dos Deuses. Pensamento dos Povos Africanos e Afrodescendentes*, n. 5. Informe de distribuição restrita do senador Abdias Nascimento. Brasília: Gabinete do Senador Abdias Nascimento, 1998.

THOTH, *Escriba dos Deuses. Pensamento dos Povos Africanos e Afrodescendentes*, n. 4. Informe de distribuição restrita do senador Abdias Nascimento. Brasília: Gabinete do Senador Abdias Nascimento, 1998.

THOTH, *Escriba dos Deuses. Pensamento dos Povos Africanos e Afrodescendentes*, n. 3. Informe de distribuição restrita do senador Abdias Nascimento. Brasília: Gabinete do Senador Abdias Nascimento, 1997.

THOTH, *Escriba dos Deuses. Pensamento dos Povos Africanos e Afrodescendentes*, n. 2. Informe de distribuição restrita do senador Abdias Nascimento. Brasília: Gabinete do Senador Abdias Nascimento, 1997.

THOTH, *Escriba dos Deuses. Pensamento dos Povos Africanos e Afrodescendentes*, n. 1. Informe de distribuição restrita do senador Abdias Nascimento. Brasília: Gabinete do Senador Abdias Nascimento, 1997.

TURNER, Doris J. Symbols in Two Afro-Brazilian Literary Works: "Jubiabá" and "Sortilégio". In: WILLIFOND, Miriam; CASTEEL, J. Doyle. *Teaching Latin American Studies: Presentations Made at the First National Seminar on the Teaching of Latin American Studies*. Gainesville: Latin American Studies Association, 1977.

Foto: Chester Higgins Jr.

SOBRE A AUTORA:
ELISA LARKIN NASCIMENTO

Possui graduação *summa cum laude* e mestrado em American Studies / Puerto Rican Studies pela Universidade do Estado de New York (1976, 1978), *juris doctor cum laude* (mestrado em direito com honras) pela mesma instituição (1981) e doutorado em Psicologia Escolar e do Desenvolvimento Humano, pela Universidade de São Paulo (2000). Atualmente dirige o Ipeafro – Instituto de Pesquisas e Estudos Afro-Brasileiros. Como diretora do Ipeafro, idealizou e organizou os fóruns Sankofa de 1991, 1993, 2007 e 2010, bem como o curso Sankofa: Conscientização da Cultura Afro-Brasileira, realizado na Pontifícia Universidade Católica de São Paulo (PUC-SP) e na Universidade do Estado do Rio de Janeiro no período de 1984 a 1995. Realizou a curadoria da megaexposição Abdias Nascimento Memória Viva (Rio de Janeiro; Brasília; Salvador, 2004-2006) e a Ocupação Abdias Nascimento, no Itaú Cultural (2016).

Este livro foi impresso na cidade de São Bernardo do Campo,
nas oficinas da Paym Gráfica e Editora,
para a Editora Perspectiva.